JN494041

초보자를 위한

법정보학강의

전경근

LAW INFORMATICS

박영사

머리말

2004년 법학전공자의 기초교육을 위하여 이 책의 초판을 출간한 때로부터 21이 지났다. 그동안 법정보와 관련된 많은 것이 변했지만, 새판을 만드는 일은 쉽지 않았다. 왜냐하면 빠른 검색환경의 변화로 인하여 새판을 위하여 원고를 다듬은 후에 다시 돌아보면 원고의 내용이 과거의 것이 되어 있었기 때문이다. 그렇지만 법과대학이 없어지고 법학전문대학원이 만들어지면서 법률정보의 조사라는 과목이 로스쿨에 의무적으로 개설되었고, 이를 위한 교재가 필요하게 되었다. 그래서 그동안 파일로만 업데이트를 했던 강의자료를 다시 한번 책으로 만들기로 하였다.

초판을 낼 당시에는 컴퓨터를 이용하여 자료를 검색하는 것이 최신의 검색방법이었지만 이제는 컴퓨터뿐만 아니라 모바일을 이용한 검색도 가능하고, 심지어 법령정보를 전문적으로 검색하는 AI를 이용하여 자료를 검색하는 것도 가능해졌다. 따라서 이 책에서 설명하고 있는 검색방법은 이제 무의미하다고 할 수도 있을 것이다.

그렇지만 AI를 이용하여 자료를 검색한다고 하더라도 검색을 위해서는 원하는 자료의 기본적인 구조를 알아야 하고, 검색한 결과가 정확한 것인지 확인할 필요도 있다. 또한 AI를 이용하여 법령정보를 검색하는 것은 변호사자격을 가진 사람들로 제한되고, 이 책의 주요 독자로 예정하고 있는 법학전문대학원 학생이나 학부에서 법학을 공부하는 학생의 경우에도 법정보의 제공을 전문으로 하는 AI의 사용이 제한되어 있어 컴퓨터나 모바일을 이용한 자료의 검색방법 체득이 필요하다고 본다.

그래서 이 책에서는 법정보에 관한 자료의 기본적인 내용과 함께 최근에 변화된 검색환경에서 자료를 검색하는 방법에 대해서도 간략하게 설명하고자 하였다. 다만 이 책의 편집을 마친 후에도 검색환경이 변하고 있으므로 미처 반영하지 못한 검색기술의 발전을 담지 못하고 있다는 점에 대하여는 독자들의 양해를 미리 구해본다.

이 책을 만드는 데 도움을 주신 분들에게 지면을 빌어 감사의 인사를 드린다. 먼저 양창수 교수님께서는 저서인 민법입문에서 판례자료에 대하여 자세하게 소개하고 있을 뿐만 아니라 종이책으로 발간하기를 권하셨다. 그리고 법정보의 대가이신 강민구 변호사님께서는 AI의 발전으로 인한 검색환경의 변화를 가늠해 볼 수 있는 좋은 정보를 제공해 주셨다. 그리고 케이스노트의 강효은 이사님께서는 케이스노트의 설명서를 제공해 주셨다. 그 밖에도 이 책을 구성하는데 도움을 주신 여러분께 감사드린다.

2025. 7. 31.

전 경 근

차 례

제1장 총 론 1

[1] 이 책의 목표 ······ 1
[2] 이 책의 주요 내용 ······ 2
[3] 법률정보 조사의 대상 ······ 3
　i. 법령 ······ 3
　ii. 판례 ······ 4
　iii. 문헌 ······ 4
[4] 법률정보 조사의 방법 ······ 5

제2장 법 령 9

제1절 법령의 종류 ······ 9

[1] 헌법 ······ 9
[2] 법률 ······ 10
　i. 법률의 의미 ······ 10
　ii. 법률의 제정과정 ······ 10
[3] 명령 ······ 13
[4] 규칙 ······ 14
[5] 자치법규 ······ 14

[6] 조약 ······ 14

제2절 법령자료 ······ 15

[1] 관보 ······ 15
[2] 현행법령집 ······ 18
[3] 각종 법전 ······ 19
[4] 전자법령집 ······ 20
[5] 영문법령집 ······ 24
[6] 그 밖의 법령자료 ······ 25
i. 입법예고 ······ 25
ii. 의안정보(議案情報) ······ 26

제3절 법조문의 형식 ······ 28

[1] 조 · 항 · 호 ······ 29
[2] ○조의○ ······ 29
[3] 본문과 단서 ······ 30
[4] 제1문과 제2문 ······ 31

제4절 법령의 인용 ······ 31

[1] 인용되어야 할 사항 ······ 31
[2] 법령명 ······ 32
[3] 법령의 일자 ······ 33
[4] 구법(舊法)의 표시 ······ 34
i. 법령이 개정된 경우 ······ 34
ii. 전부개정(全部改定)의 경우 ······ 35
iii. 법령명(法令名)이 개정된 경우 ······ 37
iv. 법령이 없어진 경우 ······ 38

제5절 법령 찾기 ······ 39

[1] 법전으로 찾기 ··· 40
i. 가나다순으로 찾기 ··· 40
ii. 편별로 찾기 ··· 40
[2] 전자법령집에서 찾기 ··· 41
i. 국가법령정보의 구성 ··· 41
ii. 구체적인 법령검색 ··· 45
iii. 아이콘 설명 ··· 46
iv. 국회법률정보시스템 ··· 51
v. 사법정보공개포털 ··· 51
[3] 모바일을 이용한 법령정보 찾기 ··· 56
i. 모바일 국가법령정보센터 ··· 56
ii. 사법정보공개포털 ··· 59
iii. 모바일 의안정보시스템 ··· 61
iv. 법령검색 앱 ··· 62

제3장 판 례 편 63

제1절 판결과 판례 ··· 63

제2절 법원의 구성 ··· 64

[1] 법원의 지위와 조직 ··· 64
[2] 대법원 ··· 65
[3] 고등법원 ··· 67
[4] 지방법원, 지원 및 시·군법원 ··· 68
[5] 특허법원 ··· 70
[6] 가정법원 ··· 70
[7] 행정법원 ··· 71
[8] 회생법원 ··· 71

제3절 판결의 수록 ········ 71

[1] 판례공보와 대법원판례집 ········ 72
[2] 하급심판결집 ········ 73
[3] 헌법재판소공보와 헌법재판소판례집 ········ 74

제4절 판결문 읽기 ········ 75

[1] 판례공보 ········ 75
[2] 대법원판례집 ········ 84
[3] 헌법재판소 공보 ········ 85
[4] 판결읽기에서 유의할 점 ········ 91

제5절 판결의 인용 ········ 91

[1] 판결문의 정식인용 ········ 92
[2] 약식인용 ········ 92
[3] 다수의 판결 인용 ········ 93
[4] 사건번호가 2개 이상인 경우 ········ 93
[5] 판결이 수록된 문헌의 기재 ········ 93
[6] 헌법재판소결정의 인용 ········ 94

제6절 판결찾기 ········ 94

[1] 판결집에서 찾기 ········ 94
[2] 전자자료에서 찾기 ········ 95
1. 사법정보공개포털 ········ 96
i. 판결서 열람 · 제공 · 방문 ········ 97
ii. 나의 사건검색 ········ 101
iii. 종합법률정보 ········ 101
iv. 검색결과보기 ········ 106
2. 법고을 ········ 108

ⅰ. 개요 108
ⅱ. 판례검색 109
ⅲ. 법령검색 109
ⅳ. 문헌검색 109
3. 헌법재판소결정 찾기 110
4. 상업용 데이터베이스 114
ⅰ. 케이스노트(CaseNote) 114
ⅱ. 엘박스(LBOX) 117
ⅲ. 빅케이스와 슈퍼로이어 120
ⅳ. 리걸엔진(legalEngine.co.kr) 122
ⅴ. U-LEX와 법률메카 124
ⅵ. 로앤비(Law&B) 125
5. 모바일앱 이용하기 127
ⅰ. 케이스노트 128
ⅱ. 빅케이스 129
ⅲ. 로앤비 130
ⅳ. 사법정보공개포털 131

제4장 문 헌 편 133

제1절 문헌의 유형 133

[1] 단행본 133
ⅰ. 교과서 133
ⅱ. 전문서적 134
ⅲ. 주석서 134
ⅳ. 논문집 135
ⅴ. 기타 135
[2] 논문 136

i . 학술논문 ······ 136
ii . 판례평석 ······ 136
[3] 수험자료 ······ 137

제2절 문헌의 검색 ······ 137

[1] 법원도서관 ······ 138
i . 개요 ······ 138
ii . 종합법률정보의 특징 ······ 139
iii . 종합법률정보의 문헌검색 ······ 140
[2] 헌법재판소 도서관 ······ 143
[3] 국회도서관 ······ 144
[4] 국립중앙도서관 ······ 147
[5] 국가전자도서관 ······ 149
[6] 한국학술지인용색인 ······ 150

제3절 문헌의 인용 ······ 152

[1] 주(註)와 참고문헌 ······ 153
[2] 단행본에 있어서의 각주과 참고문헌의 주요 기재사항 ······ 153
i . 각주의 경우 ······ 154
ii . 참고문헌의 경우 ······ 154
[3] 논문에 있어서의 각주와 참고문헌의 주요 기재사항 ······ 155
[4] 논문이나 단행본의 반복적 인용 ······ 155
[5] 기타 ······ 156

[부록 1] 현행법령집의 편별구성 157
[부록 2] 사건별 부호문자 172

그림 목차

[그림 2-1] 입법과정도[국회법률정보시스템에서 인용] ······ 11
[그림 2-2] 2024. 8. 7.자 및 2022. 12. 27.자 관보 ······ 16
[그림 2-3] 국가법령정보센터 ······ 21
[그림 2-4] 사법정보공개포털 ······ 22
[그림 2-5] 국회정보시스템 ······ 23
[그림 2-6] 국회법률정보시스템 ······ 23
[그림 2-7] 대한민국영문법령 ······ 24
[그림 2-8] 국민참여입법센터 ······ 25
[그림 2-9] 국회입법예고 ······ 26
[그림 2-10] 국회 의안정보시스템 ······ 27
[그림 2-11] 의안정보 검색결과 ······ 28
[그림 2-12] 국가법령정보센터 ······ 41
[그림 2-13] 국가법령정보센터에서 제공하는 법령자료 전체목록 ······ 43
[그림 2-14] 생활법령정보 ······ 44
[그림 2-15] 법령검색화면 ······ 45
[그림 2-16] 법령검색화면(개정된 후 시행되기 전의 조문) ······ 46
[그림 2-17] 법령검색화면의 아이콘 ······ 47
[그림 2-18] 법령비교 ······ 48
[그림 2-19] 조문정보 아이콘 ······ 48
[그림 2-20] 자치법규 ······ 49
[그림 2-21] 행정규칙 ······ 50
[그림 2-22] 판례 ······ 50
[그림 2-23] 국회법률정보시스템 ······ 51
[그림 2-24] 사법정보공개포털 : 법령 ······ 52
[그림 2-25] 법령검색 결과 ······ 53
[그림 2-26] 법령검색 결과 : 분문 ······ 54
[그림 2-27] 예규검색결과 ······ 55
[그림 2-28] 앱 설치 화면 ······ 57
[그림 2-29] 국가법령정보센터 홈 ······ 57
[그림 2-30] 설정화면 ······ 58

[그림 2-31] 검색결과 ······ 58
[그림 2-32] 3단비교 ······ 58
[그림 2-33] 포털의 홈페이지 ······ 59
[그림 2-34] 바로가기 서비스 ······ 59
[그림 2-35] 전체검색 결과 ······ 60
[그림 2-36] 법령검색 ······ 60
[그림 2-37] 의안정보시스템 앱 ······ 61
[그림 2-38] 의안정보시스템 첫화면 ······ 61
[그림 2-39] 법퍼링법전 앱 ······ 62
[그림 2-40] 법퍼링법전 첫화면 ······ 62
[그림 3-1] 법원조직도 ······ 65
[그림 3-2] 대법원 판결문 ······ 66
[그림 3-3] 헌법재판소공보 ······ 74
[그림 3-4] 헌법재판소판례집 ······ 74
[그림 3-5] 판례공보 ······ 95
[그림 3-6] 대법원판례집 ······ 95
[그림 3-7] 사법정보공개포털 ······ 97
[그림 3-8] 판결서 인터넷열람화면 ······ 98
[그림 3-9] 판결서 검색 ······ 99
[그림 3-10] 판결서 더보기 ······ 99
[그림 3-11] 판결서 신청화면 ······ 100
[그림 3-12] 나의 사건검색 ······ 101
[그림 3-13] 종합법률정보 ······ 102
[그림 3-14] 판례검색화면 ······ 103
[그림 3-15] 고급검색 ······ 105
[그림 3-16] 종합법률정보 판례검색 ······ 106
[그림 3-17] 판결검색결과 ······ 107
[그림 3-18] 검색결과 ······ 110
[그림 3-19] 헌법재판소 홈페이지 ······ 111
[그림 3-20] 지능형 통합검색 ······ 112
[그림 3-21] 검색결과 ······ 112
[그림 3-22] 검색결과에 대한 문헌자료 ······ 113
[그림 3-23] 케이스노트 홈 ······ 114

[그림 3-24] 검색결과화면 ··· 115
[그림 3-25] 검색결과화면 ··· 116
[그림 3-26] 검색결과 AI요약 ··· 117
[그림 3-27] 엘박스 홈 ··· 118
[그림 3-28] 법률분석 ··· 118
[그림 3-29] 검색화면 ··· 119
[그림 3-30] 엘박스 AI 검색화면 ··· 120
[그림 3-31] 빅케이스 초기화면 ··· 121
[그림 3-32] 판례검색 결과 ··· 121
[그림 3-33] 유권해석 결과 ··· 122
[그림 3-34] 리걸엔진 통합검색화면 ··· 123
[그림 3-35] 검색결과화면 ··· 123
[그림 3-36] 유렉스 초기화면 ··· 124
[그림 3-37] 법률메카 초기화면 ··· 125
[그림 3-38] 로앤비 전자법률도서관 ··· 126
[그림 3-39] 로앤비 온주 ··· 127
[그림 3-40] 케이스노트 초기화면 ··· 128
[그림 3-41] 검색화면 ··· 128
[그림 3-42] 빅케이스 초기화면 ··· 129
[그림 3-43] 검색화면 ··· 129
[그림 3-44] 로앤비 플러스 ··· 130
[그림 3-45] 검색화면 ··· 130
[그림 3-46] 바로가기 만들기 ··· 131
[그림 3-47] 초기화면 ··· 131
[그림 3-48] 종합법률정보 ··· 132
[그림 3-49] 검색결과 ··· 132
[그림 4-1] 법원도서관 홈페이지 ··· 138
[그림 4-2] 판례검색결과 ··· 140
[그림 4-3] 문헌검색결과 ··· 141
[그림 4-4] 검색결과 ··· 142
[그림 4-5] 문헌서지정보 ··· 142
[그림 4-6] 헌법재판소도서관 ··· 143
[그림 4-7] 선택항목 ··· 144

[그림 4-8] 국회도서관 자료이용방법 ··· 145
[그림 4-9] 상세검색화면 ··· 146
[그림 4-10] 문헌검색결과 ··· 146
[그림 4-11] 국립중앙도서관 통합검색 ··· 148
[그림 4-12] 검색결과 ··· 148
[그림 4-13] 국가전자도서관 ··· 150
[그림 4-14] 한국학술지인용색인 ··· 151
[그림 4-15] 한국학술지인용색인 ··· 151

제 1 장

총 론

[1] 이 책의 목표

법학을 공부하거나 법률 관련 실무를 수행하기 위해서는 법령과 판례 및 관련 문헌에 관한 정보를 수집할 필요가 있다. 컴퓨터가 보급되기 전에는 법령집과 판례공보 그리고 책이나 논문집을 통하여 필요한 자료를 수집해야 했다. 그렇지만 현재는 거의 모든 자료가 전자문서화되면서 자료를 구하기 위하여 법령집이나 판례집을 이용하거나 직접 도서관을 방문하지 않아도 되게 되었다.

예를 들어 법제처에서 운영하는 국가법령정보센터나 국회에서 운영하는 국회법률정보시스템을 통하여 법령을 확인할 수 있고, 대법원에서 운영하는 종합법률정보를 통하여 판례 및 그 밖의 정보를 얻을 수 있으며, 국립중앙도서관이나 국회도서관 또는 대학의 도서관에서 운영하는 전산망을 통하여 문헌정보를 수집할 수 있을 뿐만 아니라 판례와 문헌정보를 제공하는 기업을 통하여 정보를 구매할 수도 있다. 나아가 최근에는 이들 자료를 이용자가 직접 검색하지 않고 적절한 질문을 통하여 원하는 자료를 정리된 상태로 제공받을 수 있는 생성형 AI를 이용한 법률정보서비스도 제공되고 있다. 이러한 점을 고려한다면 법률 관련 업무를 수행하는 사람들에게 법령이나 판례 그리고 문헌정보를 수집하는 방법을 설명하는 것이 불필요한 것처럼 보인다.

그렇지만 법학전문대학원이 설립되면서 법률정보를 수집하고 활용하는 것이 중요하다는 점을 감안하여 『법률정보의 조사』라는 과목이 법학전문대학원의 정규과목으로 개설되었다. 이는 법학을 공부하거나 업무를 수행함에 필요한 정보를 효율적으로 얻을 수 있는 방법을 체득하는 것이 장래의 법률가에게 중요하기 때문일 것이고, 이 때문에 법률정보의 검색방법을 강의하기 위한 방법론을 모색할 필요가 있다.

이 책은 위와 같은 요구에 부응하여 법학을 처음 접하는 법학전문대학원 신입생과 일반인에게 법학의 기초가 되는 법령과 판례 및 문헌을 검색하기 위한 기초적인 지식을 소개하고, 실제로 검색하는 방법을 설명하기 위한 교재의 역할을 할 수 있도록 만들고자 한 것이다. 따라서 법정보학으로서의 학문적인 깊이보다는 학습이나 업무수행에 필요한 정보를 어떤 방법으로 구하는 것이 가장 효율적인가에 집중하였다고 할 수 있다.

[2] 이 책의 주요 내용

법학에서 가장 중요한 것은 사안에 맞는 법령을 찾아 정확하게 해석함으로써 문제를 해결하는 것이다. 그러므로 사안에 적용될 수 있는 법령이 무엇이고, 어떠한 형식으로 구성되어 있으며, 그 내용이 어떠한 것인지를 정확하게 알 필요가 있다. 그런데 법령은 매우 추상적으로 규정되어 있으므로 구체적인 사안에 적용할 법령이 무엇인지를 확정하는 것뿐만 아니라 그 법령이 의미하는 바를 해석하는 과정에서 어려움을 겪기도 한다. 이때 구체적인 사안에 대한 법원의 판단인 판례는 법령을 해석하거나 적용함에 있어서 매우 중요한 자료가 된다. 한편 법령을 해석하거나 판례가 제시한 법리에 대한 논거를 명확하게 하기 위하여 문헌을 참고할 필요도 있다. 이를 위하여 이용할 수 있는 문헌으로는 주석서와 교과서라고 불리는 법학 관련 서적들, 그리고 기존의 판결에 대한 평석과 연구논문이 있다. 아직 단행본의 경우에는 전자문서화되지 않은 것이 많지만, 주석서와 논문의 경우에는 온라인으로 그 내용을 확인할 수 있는 경우가 많다.

따라서 이 책에서는 위와 같은 사정을 감안하여 법령과 판례 및 문헌의 구성과 검색방법에 관한 내용을 차례로 살펴보려고 하며, 이에 관한 본격적인 논의에 들어가기에 앞서 이 책의 구성부분이 될 내용을 간략하게 소개하고자 한다.

[3] 법률정보 조사의 대상

ⅰ. 법령

먼저 법학의 기초가 되는 법령의 최상위에는 대한민국 헌법이 있다. 헌법은 그 내용이 매우 추상적이어서 이를 곧바로 구체적인 사안에 적용할 수는 없다. 그렇지만 헌법재판소가 설립된 후 많은 사건을 통하여 구체적인 사안에 적용되는 법률의 위헌 여부를 판단함으로써 우리의 일상생활에 많은 영향을 끼치고 있다. 그렇지만 헌법의 해석을 통하여 헌법을 구체적인 사안에 적용하는 것에는 한계가 있으므로 헌법에서 선언하고 있는 내용을 우리의 일상에 적용하기 위하여 수많은 법률과 하위법령이 제정되어 시행되고 있다.

헌법의 하위법령 중 우리의 일상을 규율하는 가장 중요한 것은 법률이다. 국회가 제정하는 법률은 헌법이 규정하고 있는 법리가 실제로 어떻게 실현되어야 하는가를 보여준다. 그렇지만 법률에서 정해야 하는 사항의 구체적인 내용이나 절차를 형식적인 의미의 법률에 모두 담을 수는 없으므로 법률의 시행을 위하여 필요하거나 법률의 위임을 받은 사항을 규정하기 위하여 대통령령과 총리령 및 부령을 이용하게 된다. 다만 행정부와는 달리 국회나 대법원, 헌법재판소의 경우에는 규칙이라는 명칭을 가진 하위법령을 제정하기도 한다(예: 국회규칙, 대법원규칙, 헌법재판소규칙 등). 나아가 지방자치단체는 법령에서 위임하거나 법령을 시행하기 위하여 필요한 구체적인 내용을 담은 조례나 규칙을 제정하여 시행하고, 행정기관은 행정규칙을 제정하여 시행하고 있으며, 국립대학이나 각종의 국가기관은 그 기관을 운영하기 위한 정관과 내부규정을 만들어서 시행한다.

한편 국가간에는 조약이나 협약을 통하여 상호간의 관계를 규율하는데, 이러한 조약이나 협약에는 법률의 지위를 가진 것도 있다. 이러한 조약이나 협약의 법적 지위를 규정하고 있는 헌법 제6조 제1항에 따르면 헌법에 의하여 체결·공포된 조약과 일반적으로 승인된 국제법규는 국내법과 같은 효력을 가진 것으로 인정된다.

이 책에서 검색의 대상으로 삼는 법령은 위에서 살펴본 것들이다. 그리고 최종적으로 시행되고 있는 법령뿐만 아니라 만들어지는 과정에 있는 법령과 이미 개정되거나 폐지되어 현행법으로서의 효력이 없는 법령(이를 연혁법령이라고 부른다)도 포함된다. 왜냐하면 이들 법령도 시간적인 이유로 구체적인 사안에 적용되어야 하는 경우가 있기 때문이다.

ii. 판례

개별적인 사건에 대하여 법원(法院)이 내린 판단을 판결(判決)이라고 하며, 판결에 나타난 일반적인 법리를 판례(判例)라고 한다. 따라서 판례는 동일한 사안에 대한 법원의 판단을 예상할 수 있는 기준으로서의 의미를 가진다.

3심제를 채택하고 있는 우리나라의 재판제도에 있어서 1심 법원과 2심 법원(이들을 합하여 하급심법원이라고 부른다)의 판결은 3심 법원인 대법원에 의하여 변경되거나 폐기될 수 있으므로, 통상 판례라고 하면 대법원판결에 나타난 법리를 이른다. 다만 대법원판결이 없는 사안에 대하여는 하급심이 제시한 법리가 판례가 될 것이지만, 우리의 경우에는 하급심 판결에 대하여 그다지 비중을 두고 있지 않으므로 판례로서의 의미는 매우 약하다.

판례는 법원의 판결에 의하여 형성되므로 판례를 찾아보기 위해서는 법원에서 발간하는 판례공보를 이용하여야 한다. 그렇지만 판례공보 이외에도 법원에서 선고된 판결을 수집하여 제공하고 있는 다양한 정보원들이 있으므로 이들 정보원도 알아둘 필요가 있다.

iii. 문헌

법률정보를 담고 있는 문헌은 다양한 유형이 있다. 문헌의 유형을 그 내용을 기준으로 정리해 보면 법령의 해석에 관한 것과 판례의 비평으로 나눌 수 있으며, 아울러 외국의 법령과 판례에 대한 소개를 담고 있는 자료를 따로 분류할 수 있다.

이 가운데에는 특정한 법령에 관한 기본적인 내용을 담고 있는 책도 있고, 그보다 훨씬 자세한 내용을 담고 있는 주석서 또는 특정한 주제에 관한 책도 있다. 그렇지만 이보다 훨씬 많은 수의 자료는 연구논문이라고 불리는 것들이다. 이들은 다양한 주제에 관한 연구성과를 반영하고 있으며, 국내법에 대한 해석이나 새로운 법령에 대한 제안, 외국법의 소개 등을 담고 있다. 이와는 달리 판결에 대한 평가를 주로 하는 평석도 있는데, 평석의 경우에는 판결에 대한 근거를 깊이 있게 탐구하는 경우도 있지만, 판결의 결론에 반대하는 경우도 많기 때문에 판결을 정확하게 이해를 하는데 많은 도움이 된다. 따라서 이 책에서는 문헌정보가 어떤 유형으로 발표되는지, 그리고 문헌정보를 찾기 위해서는 어떤 방법을 택하는 것이 가장 편리한가에 대하여 살펴보려고 한다.

[4] 법률정보 조사의 방법

우리가 이용할 수 있는 대부분의 법률정보는 서면으로 발표된다. 법령의 경우에는 관보, 판결의 경우에는 판결문, 문헌의 경우에는 책이나 논문집이 그것이다. 그렇지만 컴퓨터의 발달로 각종 자료들이 빠른 속도로 디지털화가 되고 있어 현재는 거의 대부분의 자료를 전자문서의 형태로 이용할 수 있다. 법령의 경우에는 전자관보에 의하여 공표가 되고, 판결문도 파일의 형태로 제공된다. 물론 문헌 중 논문의 경우도 많은 부분이 전자문서화되어 있다. 따라서 이 책에서는 종전과 같이 종이에 인쇄된 자료를 찾는 방법보다는 전자자료의 형태로 존재하는 자료를 검색하는 방법을 중심으로 설명을 진행하려고 한다. 나아가 컴퓨터가 아닌 모바일을 이용하여 자료를 검색하는 방법에 대해서도 살펴볼 예정이다.

제2장 이하에서는 법령과 판례 및 문헌의 순으로 자료를 검색하는 방법을 설명한다. 이 과정에서 참고해야 할 것은 법령정보를 주로 제공하는 국가법령정보센터의 경우에도 각 조문과 연관된 판례를 제공하는 등 법령과 판례가 통합적으로 제공되고 있다는 점이다(다만 국회가 제공하는 법령정보에는 판례가 링크되어 있지 않다). 이 점은 판례정보를 주로 제공하는 사법정보공개포털의 경우가 가장

대표적인데, 사법정보공개포털의 종합법률정보에서는 판례는 중심으로 법령과 문헌을 한꺼번에 보여준다. 사법정보공개포털이 문헌정보를 제공하는 이유는 법원도서관에서 제공하는 문헌정보 중 판례를 평석하거나 판례를 인용한 문헌들을 판례를 기준으로 링크를 해 두었기 때문이다(따라서 법원도서관에서 제공하는 법고을도 종합법률정보와 유사하게 운영된다). 종합법률정보의 정보제공방식은 상업적 데이터베이스들도 차용하고 있는데, 상업적 데이터베이스의 경우 종합법률정보보다 더 많은 수의 판결을 검색할 수 있도록 제공하고 있지만 이와 관련된 문헌은 저작권이라는 제약 때문에 일부에 한정된다. 한편 법률문헌을 주로 제공하는 법원도서관을 제외하면 국회도서관이나 국립중앙도서관 등은 문헌자료를 제공할 뿐 법령이나 판례와 링크된 자료를 제공하지 않는다. 국회도서관의 경우에는 입법활동에 필요한 자료를 제공한다는 취지에 맞게 법률문헌을 많이 소장하고 있기는 하지만 그 밖의 자료를 더 많이 소장하고 있으며, 국립중앙도서관의 경우에는 국내의 모든 문헌자료를 수집하여 제공하고 있기 때문이다. 이러한 점을 감안한다면 각각의 기관에서 제공하는 법률정보 전체에 대한 설명이 필요할 수 있지만, 이는 설명의 혼란을 초래할 가능성이 있다는 점에서 법령에 관하여는 가장 기초적인 자료를 제공하는 국가법령정보센터를 중심으로 설명을 진행하고, 판례에 관하여는 종합법률정보를 중심으로 설명을 진행하며, 문헌은 법원도서관과 국회도서관을 중심으로 설명을 진행하기로 한다.

한편 2022년 11월 30일 OPEN AI가 발표한 Chat GPT로 인하여 자료의 검색에 새로운 지평이 열렸다. 종전과 같은 자료목록과 그 내용을 사용자가 직접 확인하는 것이 아니라 사용자가 원하는 결과를 상호 대화하는 방법으로 제시하기 때문에 종전의 검색과는 다른 차원에서 검색이 이루어지며, 사용자와 컴퓨터가 대화를 하는 것과 같은 방식의 추가적인 질문을 통하여 원하는 결과를 얻을 수 있게 된 것이다. 현재로서는 OPEN AI사의 Chat GPT뿐만 아니라 Google의 Gemini, Microsoft의 Copilot, X의 Grok, Anthropic사의 Claude, Perplexity사의 Perplexity, 국내 생성형 AI인 Naver의 ClovaX 등의 생성형 AI가 서비스를 제공하고 있고, 개인이 가진 자료를 생성형 AI의 검색엔진을 이용하여 그 내용을 추출할 수 있는 Google의 notebookLM와 같은 도구도 활용할 수 있다. 또한 법령정보를 바탕으로 하는 생성형 AI라고 할 수 있는 Lexis+ AI와 Westlaw

Precision, 톰슨로이터의 자회사인 로앤비의 CoCounsel, LBOX의 LBOX AI, 로앤컴퍼니가 제공하는 슈퍼로이어가 있고, 인텔리콘 연구소는 법률정보에 특화된 소형언어모델(sLLM)인 '코알라(KOALLA)'를 개발했다고 발표한 바 있다. 이들 서비스는 이 책을 집필하는 동안에도 끊임없이 개선되고 있어 앞으로 기존의 검색방법을 뛰어넘는 새로운 검색의 세계를 열어나갈 것으로 생각되지만, 엘박스나 로앤컴퍼니의 AI서비스는 사용자의 자격을 변호사로 제한하고 있다는 점을 감안하여 이 책에서는 법학전문대학원 학생이나 일반인들이 사용할 수 있는 법률정보의 검색방법에 대하여 현재 상태를 기준으로 설명하고자 한다.

제2장
법 령

제1절 법령의 종류

현행법령의 유형은 그 단계에 따라 헌법, 법률, 명령, 규칙, 자치법규 및 조약으로 나눌 수 있다. 이하에서는 각각의 법령에 관하여 검색에 필요한 범위 내에서 설명하기로 하며, 자세한 것은 법학개론이나 개별법에 관한 교과서 및 법령집을 참고하기 바란다.

[1] 헌법

헌법(憲法)은 국가의 근본법으로서 대한민국의 구성원리와 국민의 기본권에 관하여 규정하고 있으며, 국가의 통치조직과 통치작용의 원리를 정하고 있다. 이 가운데 우리의 생활과 밀접한 관계가 있는 부분은 국민의 권리와 의무에 관하여 규정하고 있는 제10조부터 제39조까지의 규정이라고 할 수 있다. 헌법은 일상생활을 직접 규율하지 않으므로 구체적인 사안에 직접 적용되는 경우가 매우 드물다고 할 수 있지만, 헌법재판소가 법률의 위헌 여부를 심사하는 과정에서 형성된 다양한 결정들이 우리의 생활에 많은 영향을 끼치고 있다.

한편 헌법이 정하고 있는 국가의 기본조직에 관한 규정은 법률을 통하여 구체화된다. 따라서 헌법에 근거하여 만들어진 법률의 내용도 헌법의 일부라고 할 수 있을 것이다. 국가의 구성요소에 관하여 규정함으로써 헌법과 밀접한 관련을 가진 법률로서는 다음과 같은 것을 예로 들 수 있는데, 이러한 법률을 통하여 국민의 지위나 국가조직에 관한 헌법의 규정이 구체화된다고 할 수 있다.

- 국민의 자격에 관한 법 : 국적법, 가족관계의 등록 등에 관한 법률
- 국가의 기본조직에 관한 법 : 국회법, 정부조직법, 법원조직법, 헌법재판소법 등
- 선거와 관련된 법 : 정당법, 공직선거법, 선거관리위원회법 등
- 행정 및 지방자치에 관한 법 : 행정기본법, 행정절차법, 지방자치법, 전자정부법 등
- 경제에 관한 법 : 독점규제 및 공정거래에 관한 법률, 소비자보호법 등

[2] 법률

i. 법률의 의미

법률(法律)이라는 용어는 여러 가지 의미로 사용되고 있으나, 이를 실질적 의미에 있어서의 법률과 형식적 의미에 있어서의 법률로 나누어 설명할 수 있다. 실질적 의미에 있어서의 법률이란 법률의 내용에 기초한 개념으로서, 넓은 의미로는 성문법과 불문법을 포함하며, 법 또는 법규범과 같은 의미로 사용되지만, 좁은 의미로는 국민 상호간 또는 국민과 국가간의 관계를 규율하는 법규범, 즉 법규를 내용으로 하는 통치작용을 말한다. 이와는 달리 형식적 의미에 있어서의 법률이란 통치작용의 일정한 형식으로서의 법률을 말하며, 법률이라는 형식으로 국회가 의결하고 대통령이 공포한 것이다. 이 가운데 형식적 의미의 법률에 관한 부분을 추가로 살펴본다.

ii. 법률의 제정과정

형식적 의미의 법률이 제정되는 과정을 간단하게 살펴보면 다음과 같다; 국

회의원 또는 정부에 의하여 국회에 법률안이 제출되면, 국회는 그 법률안에 대하여 상임위원회와 법제사법위원회의 심사를 거친 후 본회의에서 심의하는데, 본회의에서는 재적의원 과반수의 출석과 출석의원 과반수의 찬성으로 의결한다. 국회에서 의결된 법률안은 정부에 이송되어 대통령이 공포하면 부칙에서 정한 때에 법률로서의 효력이 발생한다(입법과정에 대한 자세한 설명은 국회법률정보시스템의 입법과정 개관 참조).

[그림 2-1] 입법과정도[국회법률정보시스템에서 인용]

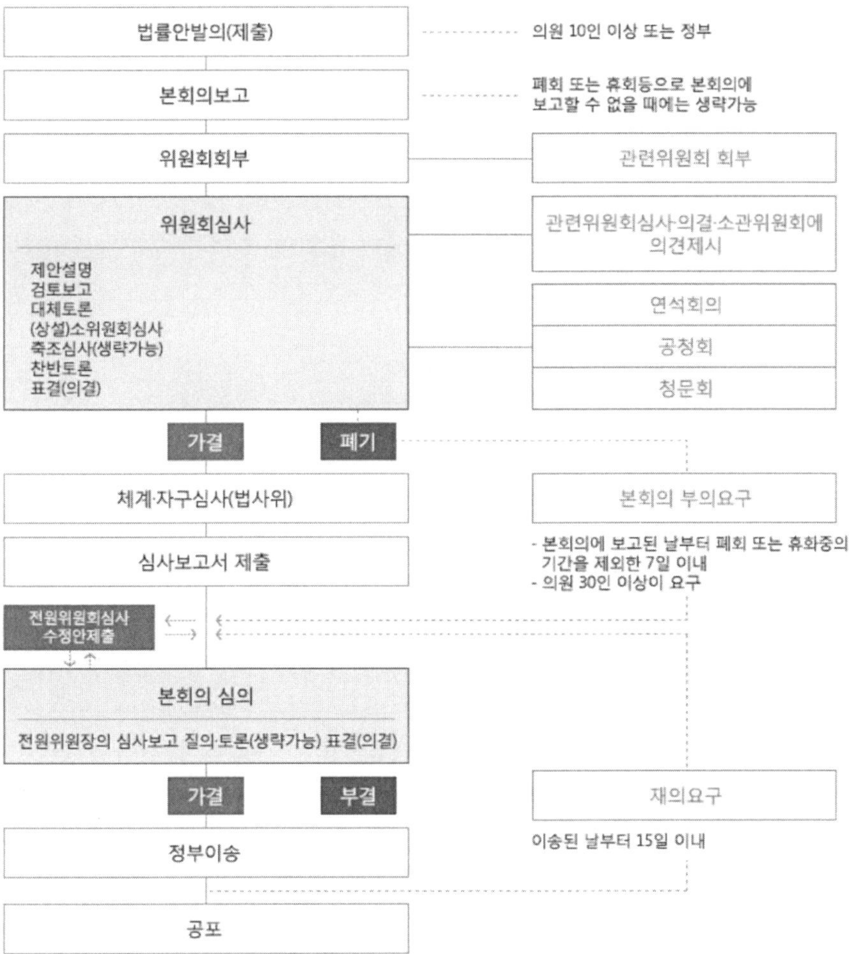

법률의 제정과정을 이해하는 것은 법률을 검색하는데 도움이 된다. 앞서 살펴본 바와 같이 법률안은 국회의원과 정부가 발의할 수 있는데, 국회의원이 발의하는 법률안은 대표발의자인 국회의원이 다른 국회의원 9인 이상의 동의를 받아 제출하며, 이러한 절차를 거쳐 국회에 제출된 법률안의 내용은 입법예고나 국회에서 운영하는 의안정보시스템을 통하여 확인할 수 있다. 그리고 정부가 제출하는 법률안은 각 부처에서 만든 후 차관회의, 국무회의를 거쳐 국회에 제출되는데, 정부안의 경우에는 입법예고를 거치도록 되어 있다. 따라서 이를 통하여 법률안이 법률로서의 지위를 갖기 전에 그 내용을 엿볼 수 있다. 그리고 법률안이 국회를 통과하여 공포될 때에는 관보에 게재하도록 되어 있으므로 관보를 확인함으로써 법령집이나 국가법령정보시스템에 등록되기 전에도 그 내용을 확인할 수 있다.

한편 대통령은 국가의 안위에 관계되는 중요한 교전상태에 있어서 국가를 보위하기 위하여 긴급한 조치가 필요하고 국회의 집회가 불가능한 때와 내우·외환·천재·지변 또는 중대한 재정·경제상의 위기에 있어서 국가의 안전보장 또는 공공의 안녕질서를 유지하기 위하여 긴급한 조치가 필요하고 국회의 집회를 기다릴 여유가 없을 때에 한하여 법률의 효력을 가지는 명령을 발할 수 있다. 이러한 명령의 예로는 「금융실명거래 및 비밀보장에 관한 긴급재정경제명령」(1993. 8. 12.)이 있다(이 명령은 1997. 12. 31. 제정된 「금융실명거래 및 비밀보장에 관한 법률」에 의하여 폐지되었다).

[참고] 조세법률주의 & 죄형법정주의

조세법률주의란 세금의 부과는 반드시 법률에 의하여야 한다는 원칙을 말한다. 이른바 「대표 없으면 과세도 없다」는 원칙의 표현으로서 근대국가는 모두 이것을 인정하고 있다(헌법 제59조). 조세법률주의를 취하는 이유는 조세의 종류 및 부과의 근거뿐만 아니라, 과세의무자·과세물건·과세표준·세율을 국민의 대표로서 구성되는 의회의 법률로 정함으로써 국민의 재산보장과 법률생활의 안정을 도모하려는 것이다. 조세법률주의에 따라 소득세법, 「상속세 및 증여세법」, 법인세법, 부가가치세법 등의 세법이 만들어져 있으며, 국세기본법과 국세징수법이 세금에 관한 일반법으로서의 역할을 수행한다. 그리고 지방자치와 관련하여 지방세기본법과 지방세법도 제정되어 시행 중이다.

한편 죄형법정주의는 “법률 없으면 범죄 없고 형벌 없다(nullum crimen, nulla poena

sine lege)"라는 법언에 근거한 원리로서, 1215년 영국의 대헌장(Magna Carta)에 그 기원을 두고 있고, 1776년 버지니아 권리장전(제8조)과 1787년 미합중국헌법(제1조 제9항), 1789년 프랑스 인권선언(제8조) 등을 통해 발전하였다. 죄형법정주의는 헌법 제13조 제1항과 형법 제1조 제1항에도 나타나 있는데, 어떤 행위가 범죄가 되며 그 범죄에 대하여 어떤 종류와 범위의 형벌을 과할 것인가는 미리 성문의 법률에 규정되어 있어야 함을 의미한다. 법령집을 보면 형법 외에도 경범죄처벌법 등 위반하는 경우 형벌을 과하는 것으로 규정하고 있는 법률이 다수 있으며, 이 가운데 형법과 형사소송법이 범죄와 형벌에 관한 기본법으로서의 역할을 수행한다.

[3] 명령

명령(命令)이라 함은 국회의 의결을 거치지 아니하고 행정기관에 의하여 제정된 법령을 말한다. 행정기관이 법령제정의 주체가 된다는 점에서 행정입법이라고도 한다. 명령에는 대통령이 제정하는 대통령령과 국무총리가 제정하는 총리령 및 행정각부의 장관이 제정하는 부령이 있다. 이 가운데 대통령령은 법률에서 구체적으로 범위를 정하여 위임받은 사항과 법률을 집행하기 위하여 필요한 사항에 관하여 대통령이 발할 수 있는 명령이며, 총리령은 국무총리가 그 담당하는 직무에 관하여 직권 또는 특별한 위임에 의하여 발하는 명령이고, 부령은 행정각부의 장이 소관사무에 관하여 법률이나 대통령의 위임 또는 직권으로 발하는 명령이다. 이 가운데 대통령령을 '시행령'이라고 하며, 국무총리령이나 각부의 장관이 제정하거나 개정하는 총리령 또는 부령을 '시행규칙'이라고 부른다.

한편 명령 이외에 행정기관이 정하는 법규에는 행정규칙도 있다. 행정규칙은 행정조직 내부와 공법상의 특별관계에 관한 조직과 활동을 규율하는 것으로 고시·훈령·예규 등을 말한다. 사무의 분배와 같은 국민의 권리나 의무와 관계없는 규정 또는 특별권력관계에 의한 규정으로, 예컨대 훈령·국립도서관규칙·특허명령 등이 그 예이다. 행정규칙의 제정은 행정권에 당연히 따르는 권능이며 법률의 수권(受權)을 필요로 하지 않는다. 그렇지만 행정규칙에 의하여 국민의 권리와 의무에 간접적으로 영향을 미친다는 점에서 사법부의 심사대상이 되기도 한다.

[4] 규칙

규칙(規則)이라 함은 국가기관 스스로가 맡은 바 임무와 관련하여 법률에 저촉되지 아니하는 범위 안에서 내부규율과 사무처리에 관하여 규정한 것을 말한다. 현행 헌법상 인정되는 규칙으로는 국회규칙(제64조), 대법원규칙(제108조), 헌법재판소규칙(제113조 제2항), 중앙선거관리위원회규칙(제114조 제6항)이 있다. 이 규칙은 시행령 또는 시행규칙과 같은 지위를 가진다고 할 수 있으며, 대법원이 제정한 대법원규칙에는 우리의 생활과 관련된 것이 많다(예 : 부동산등기규칙, 「가족관계의 등록 등에 관한 규칙」, 민사소송규칙, 가사소송규칙 등). 그런데 지방자치단체의 장이 제정하는 자치법규의 경우에도 규칙이라는 용어를 사용하고 있으므로 구별해서 사용할 필요가 있다.

[5] 자치법규

헌법 제117조 제1항에 의하면 지방자치단체는 주민의 복리에 관한 사무를 처리하고 재산을 관리하며, 법령의 범위 안에서 자치에 관한 규정을 제정할 수 있다. 이 자치입법권에 의하여 제정되는 자치법규에는 조례와 규칙이 있다.

조례(條例)는 법령의 범위 안에서 그 사무에 관하여 지방자치단체의 의회가 의결을 거쳐 제정하는 것이며, 규칙은 지방자치단체의 장이 법령 또는 조례가 위임한 범위 안에서 그 권한에 속하는 사무에 관하여 제정한 자치법규를 말한다. 지방자치단체가 제정한 조례 및 규칙은 지방자치단체가 발행하는 법령집이나 홈페이지를 통하여 확인할 수 있으며, 국가법령정보센터를 통하여 검색할 수 있다.

[6] 조약

조약(條約)이라 함은 국가간의 문서에 의한 합의를 말하며 그 명칭은 문제되지 않는다. 현행 헌법에 의하여 체결되고 공포된 조약과 일반적으로 승인된 국제법규는 국내법과 같은 효력을 가진다(헌법 제6조 제1항). 여기서 '일반적으로 승인된 국제법규'라 함은 국제사회의 보편적 규범으로서 세계 대다수 국가가 승인하고 있는 법규를 말한다. 여기에는 성문의 국제법규 외에 국제관습법과 일반적으로 규범력이 인정되고 있는 조약이 포함된다.

제2절 법령자료

앞에서 살펴본 법령을 찾기 위하여 가장 널리 사용되는 것은 '법전'이라고 불리는 것이다. 전체 법령을 담고 있는 법전은 현행법령집이며, 이를 기초로 하여 필요에 따라 선별한 법령을 수록한 다양한 법전이 만들어진다(참고로 변호사시험을 위하여 제공되는 법전에는 시험출제의 대상이 되는 법령만 수록되어 있다). 한편 법전 외에도 법령의 내용을 알 수 있는 자료들이 있다. 이러한 자료 중 일부는 법령을 만드는 절차에 따라 공개되므로 법령이 제정되거나 개정되기 전에 미리 그 내용을 확인할 수 있다는 장점을 가진다(이하에서는 '법령'을 헌법과 법률, 시행령, 시행규칙 등을 포함하는 의미로 사용한다).

[1] 관보

관보(官報)는 공휴일을 제외하고는 매일 발간되며, 법령 이외에도 대통령훈령, 고시, 공고, 입찰정보, 공무원 인사 또는 공직자의 재산공개 내역 등의 정보가 실린다. 관보의 발행근거는 「법령 등의 공포에 관한 법률」과 관보규정 및 관보규정 시행규칙이다.

법령은 원칙적으로 관보에 수록됨으로서 공포되고 효력을 가지게 된다. 다시 말하면 법령의 공포일자는 그 법령이 수록된 관보의 발간일자이며, 호는 그 순서가 된다. 현재는 전자관보의 형태로 발간되므로 인터넷을 통하여 쉽게 확인할 수 있다. 대한민국 전자관보의 인터넷주소는 『https://gwanbo.go.kr/』이다.

[그림 2-2] 2024. 8. 7.자 및 2022. 12. 27.자 관보

대한민국정부

관보

https://gwanbo.go.kr

제20809호 2024-08-07

[총 리 령]

- 총리령제1974호(마약류 관리에 관한 법률 시행규칙 일부개정령) — 4
- 총리령제1975호(수입식품안전관리 특별법 시행규칙 일부개정령) — 5
- 총리령제1976호(의료기기법 시행규칙 일부개정령) — 9
- 총리령제1977호(식품위생법 시행규칙 일부개정령) — 23

[부 령]

- 국토교통부령제1375호(건축물의 설비기준 등에 관한 규칙 일부개정령) — 24
- 보건복지부령제1047호(장애인활동 지원에 관한 법률 시행규칙 일부개정령) — 25
- 산업통상자원부령제569호(전기사업법 시행규칙 일부개정령) — 27
- 산업통상자원부령제570호(산업재산 정보의 관리 및 활용 촉진에 관한 법률 시행규칙 제정령) — 29
- 산업통상자원부령제571호(석유 및 석유대체연료 사업법 시행규칙 일부개정령) — 43
- 중소벤처기업부령제90호(규제자유특구 및 지역특화발전특구에 관한 규제특례법 시행규칙 일부개정령) — 50

[고 시]

- 공정거래위원회고시제2024-14호(기업결합의 신고요령) — 56
- 공정거래위원회고시제2024-15호(기업결합 심사기준) — 65
- 공정거래위원회고시제2024-20호(공정거래위원회 회의 운영 및 사건절차 등에 관한 규칙 일부개정) — 81
- 국가기술표준원고시제2024-0266호(한국산업표준 제정 예고 고시) — 119
- 국가기술표준원고시제2024-0270호(한국산업표준 개정 예고) — 122
- 국가유산청고시제2024-41호(「울산 개운포 경상좌수영성」 국가지정문화유산(사적) 지정) — 124
- 대구출입국.외국인사무소고시제2024-55호(국적상실) — 133
- 동해지방해양수산청고시제2024-48호(항만개발사업 시행 고시) — 134
- 법무부고시제2024-307호(국적취득(귀화)) — 135
- 법무부고시제2024-309호(국적취득(귀화)) — 136
- 법무부고시제2024-310호(국적취득(귀화)) — 137
- 법무부고시제2024-312호(국적취득(귀화)) — 140
- 법무부고시제2024-313호(국적취득(귀화)) — 141
- 법무부고시제2024-314호(국적취득(귀화)) — 143
- 법무부고시제2024-329호(국적취득(귀화)) — 145
- 법무부고시제2024-330호(국적취득(귀화)) — 146
- 법무부고시제2024-331호(국적취득(귀화)) — 147
- 법무부고시제2024-332호(국적취득(귀화)) — 151

발행 행정안전부 문의 ☎ (044)205-1492, 205-1493 (30112) 세종특별자치시 도움6로 42

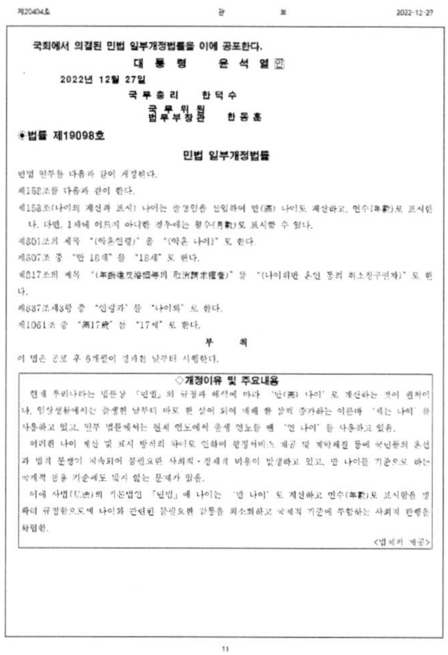

제20404호 관 보 2022-12-27

국회에서 의결된 민법 일부개정법률을 이에 공포한다.

대 통 령 윤 석 열 (인)

2022년 12월 27일

국 무 총 리 한 덕 수

국 무 위 원 법 무 부 장 관 한 동 훈

◉법률 제19098호

민법 일부개정법률

민법 일부를 다음과 같이 개정한다.

제158조를 다음과 같이 한다.

제158조(나이의 계산과 표시) 나이는 출생일을 산입하여 만(滿) 나이로 계산하고, 연수(年數)로 표시한다. 다만, 1세에 이르지 아니한 경우에는 월수(月數)로 표시할 수 있다.

제801조의 제목 "(약혼연령)"을 "(약혼 나이)"로 한다.

제807조 중 "만 18세"를 "18세"로 한다.

제817조의 제목 "(年齡違反婚姻等의 取消請求權者)"를 "(나이위반 혼인 등의 취소청구권자)"로 한다.

제887조제3항 중 "연령과"를 "나이와"로 한다.

제1061조 중 "滿17歲"를 "17세"로 한다.

부 칙

이 법은 공포 후 6개월이 경과한 날부터 시행한다.

◇개정이유 및 주요내용

현재 우리나라는 법령상 「민법」의 규정과 해석에 따라 '만(滿) 나이'로 계산하는 것이 원칙이나, 일상생활에서는 출생한 날부터 바로 한 살이 되어 매해 한 살씩 증가하는 이른바 '세는 나이'를 사용하고 있고, 일부 법률에서는 현재 연도에서 출생 연도를 뺀 '연 나이'를 사용하고 있음.

이러한 나이 계산 및 표시 방식의 차이로 인하여 행정서비스 제공 및 계약체결 등에 국민들의 혼선과 법적 분쟁이 지속되어 불필요한 사회적·경제적 비용이 발생하고 있고, 만 나이를 기준으로 하는 국제적 통용 기준에도 맞지 않는 문제가 있음.

이에 사법(私法)의 기본법인 「민법」에 나이는 '만 나이'로 계산하고 연수(年數)로 표시함을 명확히 규정함으로써 나이와 관련된 불필요한 갈등을 해소하고 국제적 기준에 부합하는 사회적 관행을 확립함.

<법제처 제공>

11

한편 법령은 관보에 수록된 형태로 인용하는 것이 원칙이다. 그렇지만 매번 관보를 확인하는 것이 곤란하므로 일반적인 경우에는 국가법령정보센터를 이용하거나 법전을 참고하는 경우가 많을 것이다. 이하에서는 법전에 수록되어 있는 민법의 예를 들어 법조문의 구체적인 형식을 살펴보기로 한다.

[참고자료 1] 법령집에 수록된 민법 제1019조

> 민법 [시행 2022. 12. 13.] [법률 제19069호, 2022. 12. 13., 일부개정]
>
> **제1019조(승인, 포기의 기간)** ① 상속인은 상속개시 있음을 안 날로부터 3월 내에 단순승인이나 한정승인 또는 포기를 할 수 있다. 그러나 그 기간은 이해관계인 또는 검사의 청구에 의하여 가정법원이 이를 연장할 수 있다. <개정 1990. 1. 13.>
>
> ② 상속인은 제1항의 승인 또는 포기를 하기 전에 상속재산을 조사할 수 있다. <개정 2002. 1. 14.>
>
> ③ 제1항에도 불구하고 상속인은 상속채무가 상속재산을 초과하는 사실(이하 이 조에서 "상속채무 초과사실"이라 한다)을 중대한 과실 없이 제1항의 기간 내에 알지 못하고 단순

> 승인(제1026조제1호 및 제2호에 따라 단순승인한 것으로 보는 경우를 포함한다. 이하 이 조에서 같다)을 한 경우에는 그 사실을 안 날부터 3개월 내에 한정승인을 할 수 있다. <개정 2022. 12. 13.>
> ④ 제1항에도 불구하고 미성년자인 상속인이 상속채무가 상속재산을 초과하는 상속을 성년이 되기 전에 단순승인한 경우에는 성년이 된 후 그 상속의 상속채무 초과사실을 안 날부터 3개월 내에 한정승인을 할 수 있다. 미성년자인 상속인이 제3항에 따른 한정승인을 하지 아니하였거나 할 수 없었던 경우에도 또한 같다. <신설 2022. 12. 13.>

[참고자료 1]에 인용된 조문을 구체적으로 살펴보면, 민법 [시행 2022. 12. 13.] [법률 제19069호, 2022. 12. 13., 일부개정] 중 '민법'은 법령명이고, 이전부터 있던 법령의 내용을 '일부개정'하였으며, 개정된 법령이 관보에 실린 날은 '2022. 12. 13.', 공포된 순서는 대한민국 수립 이후에 만들어진 법률로서는 19069번째라는 것과 개정된 부분은 공포되는 날부터 시행된다는 것을 알 수 있다(법령이 처음 만들어지는 것을 제정, 일부가 변경된 것을 일부개정, 전부를 변경한 것을 전부개정이라고 한다).

[참고자료 2] 2002년 당시의 개정 조문

> 민법 [일부개정 2002. 1. 14. 법률 제6591호]
> **第1019條(承認, 抛棄의 期間)** ① 相續人은 相續開始 있음을 안 날로부터 3月內에 單純承認이나 限定承認 또는 抛棄를 할 수 있다. 그러나 그 期間은 利害關係人 또는 檢事의 請求에 依하여 家庭法院이 이를 延長할 수 있다.<改正 1990.1.13>
> ② 相續人은 제1항의 承認 또는 抛棄를 하기 前에 相續財産을 調査할 수 있다. <개정 2002.1.14>
> ③ 제1항의 규정에 불구하고 상속인은 상속채무가 상속재산을 초과하는 사실을 중대한 과실없이 제1항의 기간내에 알지 못하고 단순승인(제1026조제1호 및 제2호의 규정에 의하여 단순승인한 것으로 보는 경우를 포함한다)을 한 경우에는 그 사실을 안 날부터 3월내에 한정승인을 할 수 있다. <신설 2002.1.14>

[참고자료 3] 한자를 병기한 경우

> 민법 [시행 2013. 7. 1.] [법률 제10429호, 2011. 3. 7., 일부개정]
> **제141조(취소의 효과)** 취소된 법률행위는 처음부터 무효인 것으로 본다. 다만, 제한능력자는 그 행위로 인하여 받은 이익이 현존하는 한도에서 상환(償還)할 책임이 있다. [전문개정 2011. 3. 7.]

한편 [참고자료 2]에서 살펴볼 수 있는 바와 같이 과거에는 법령에 한자를 많이 사용하였다. 예를 들어 2002. 1. 14. 법률 제6591호로 개정된 민법 제1019조를 살펴보면, 제1항과 제2항에는 한자가 많이 사용되고 있으나, 제3항의 경우에는 한글로 되어 있음을 알 수 있다. 이것은 당시에 새로 법률을 만드는 경우에는 한글 사용을 원칙으로 하고 있었기 때문이다. 그리고 2006년부터 시작된 법률 한글화 작업이 마무리되었기 때문에 현재는 대부분의 법령이 한글로 표기되어 있지만, [참고자료 3]에서 볼 수 있는 바와 같이 한글만으로는 이해가 어려운 경우에는 한자나 원어를 같이 적는 것으로 하고 있다. 그렇지만 한자를 한글로 변경하였다고 하여 그 의미를 쉽게 이해할 수 없다. 그래서 법제처는 현재도 현행법령에 나오는 용어를 국민들이 이해하기 쉬운 용어로 개정하는 작업을 진행하고 있다(민법에서 사용하고 있는 법률용어를 쉽게 개정하기 위한 법률안이 2019년에 편별로 나눠어 국회에 제출된 바 있으나 임기만료로 폐기되었다).

[2] 현행법령집

현행법령집은 말 그대로 현재 효력을 가진 법령을 집대성해 놓은 법령집이다. 현행법령집은 전체가 44편으로 구성되어 있으며, 각편에 해당하는 법령을 가제식 바인더를 이용하여 정리해 놓았다. 현행법령집의 각편에 수록된 법령의 목록은 전자법령집에서도 확인할 수 있다.

특히 현행법령집의 마지막 권은 색인집으로서 각권에 실린 법령을 찾는데 필요한 정보를 가지고 있다. 색인집은 두 가지의 색인을 가지고 있는데, 하나는 법령의 편제에 따라 각편에 속하는 법령을 정리해 놓은 것이며, 다른 하나는 현행법령집에 수록된 법령을 가나다순으로 정리해 놓은 것이다. 이는 필요에 따라

가나다순으로 법령을 찾거나 또는 원하는 업무영역의 법령을 찾을 수 있게 하기 위한 것이다(현행법령의 편별 구성에 관한 자세한 사항은 [부록 1] 참고).

현행법령집에는 법률 이외에도 시행령과 시행규칙 및 시행령이나 시행규칙에서 정하는 별표도 수록되어 있다. 따라서 법률과 그에 따른 시행령과 시행규칙을 함께 찾아볼 수 있는 좋은 문헌자료이다.

[참고자료 4] 변호사시험법 시행령 [별표1]

전문적 법률분야에 관한 과목의 종류(제7조 제1항 관련)

선택과목	국제법, 국제거래법, 노동법, 조세법, 지적재산권법, 경제법, 환경법

현행법령집은 가제식 바인더로 만들어져 있으므로 법이 개정되는 경우 추가하거나 제거할 수 있다. 그러므로 새롭게 제정되거나 개정된 법률이나 대통령령, 총리령 및 부령에 대한 추록을 만들어 해당되는 부분을 교체하는 방법으로 법령집의 현행화를 추구하고 있다. 현행법령집은 한국법령정보원에서 발간하고 있으며, 주기적으로 갱신하는 서비스를 제공한다.

[3] 각종 법전

현재로서는 컴퓨터나 휴대전화를 이용하여 국가법령정보센터에서 제공하는 전자법령집을 활용할 수 있게 됨으로써 책자로 된 법령집에 대한 수요가 많이 줄어들었다고 할 수 있다. 그렇지만 법학을 공부하거나 법률실무를 처리함에 있어서 자주 참고해야 할 법령을 책의 형태로 만든 것은 여전히 활용되고 있다. 그중에서 가장 많이 사용되는 것은 소법전과 변호사시험용 법전이다. 소법전은 법학을 공부하거나 법률관련 업무를 위하여 자주 필요하다고 생각되는 법령을 선별하여 편집한 것이다. 따라서 소법전에는 대체로 법률만 수록되어 있으며, 시행령이나 시행규칙은 특별히 의미가 있는 경우에만 수록하고 있다. 또한 소법전의 경우에는 현행법령집에서 취하고 있는 편별구성과는 달리 법률의 이용빈

도를 고려하여 법령을 분류하고 있다. 그 밖에 원래 법전에 포함되는 것은 아니지만 이용자의 편의를 위하여 법령 외에 판례를 담고 있는 소법전도 있고, 각 편별로 단행본의 형태를 가진 법전으로 만들거나 다양한 편집을 가한 소법전도 있다.

한편 변호사시험용 법전은 법무부가 변호사시험 출제범위에 포함되는 법령을 모아 편집한 것이다. 사법시험과 관련하여서는 기본육법이라는 용어를 사용하였는데, 헌법 · 민법 · 형법 · 상법 · 민사소송법 · 형사소송법이 그것이다. 행정법도 중요한 법영역이기는 하지만 기본육법에는 포함시키지 않고 있다. 그렇지만 행정법도 시험범위에 포함되기 때문에 변호사시험용 법전에는 기본육법 외에 행정법에 관한 내용도 수록되어 있다.

한권의 책으로 만들어진 가장 큰 법전은 대법전이다. 대법전은 현행법령집에 가장 가까운 법전으로 법률과 시행령 및 시행규칙이 함께 수록되어 있다. 다만 세법의 경우에는 법률뿐만 아니라 시행령과 시행규칙 등을 한꺼번에 비교하면서 확인할 필요가 있기 때문에 대법전이나 소법전과는 다른 편집형식으로 독립된 법전을 만들어 사용하고 있다. 그 밖에 공식적으로 공개된 대법원판결을 법조문의 순서에 따라 편집한 판례법전 등 다양한 유형의 법전이 만들어져 있다.

[4] 전자법령집

전자법령집은 전자문서의 형태로 만들어진 법령집이지만, 전자책의 형태로 만들어진 것은 아니다. 법제처는 정부의 입법계획을 총괄 · 조정하고, 국무회의에 상정되는 모든 법령안과 조약안을 심사하는 일을 하는 기관이기 때문에 기본적인 법령자료는 법제처에서 제공하고 있다. 따라서 법제처에서 제공하는 국가법령정보센터(https://law.go.kr/)의 법령집이 전자법령집의 원본에 해당한다고 할 수 있을 것이다. 법령이 개정된 경우에는 수일 내에 국가법령정보센터에 개정된 내용이 업데이트된다. 국가법령정보센터에서 법령의 검색하는 방법에 관하여 제4절 법령찾기에서 자세하게 설명한다.

[그림 2-3] 국가법령정보센터

그리고 대법원에서도 사법정보공개포털(https://portal.scourt.go.kr/pgp/index.on)의 종합법률정보를 통하여 법령에 관한 자료를 제공하고 있다. 아래의 그림에서 볼 수 있는 정보검색 항목 중 국가법령정보와 다른 항목은 적용기준일을 이용하여 법령을 검색할 수 있다는 것과 현재 헌법재판소에 위헌심판을 제청한 법령에 관한 정보를 제공하는 점이다. 적용기준일은 법원에 계류 중인 사건을 해결하기 위하여 적용해야 하는 법령이 구법인 경우 등 법령의 시행일이 중요한 의미를 가지는 경우에 활용할 수 있고, 이는 헌법재판소에 위헌심판이 계류 중인 법령을 적용해야 하는 사건의 경우에도 마찬가지이기 때문이다.

[그림 2-4] 사법정보공개포털

한편 국회도 법령자료를 전자법령집의 형태로 제공하고 있는데, 그 명칭은 국회법률정보시스템(http://likms.assembly.go.kr/law/)이며, 국회에서 제공하는 각종 자료를 담고 있는 국회정보시스템(https://likms.assembly.go.kr/)의 일부에 해당한다(뒤에서 살펴볼 의안정보시스템도 마찬가지이다). 국회법률정보시스템에서 제공하는 법률정보는 국가법령정보센터에서 제공하는 정보와 동일한 내용이지만, 제공하는 정보의 구성이 국회의 특성을 담고 있으며, 국가법령정보센터와 비교할 때 법률의 제정과정에서 참고한 자료 등 연혁정보가 더 많이 제공되고 있다.

[그림 2-5] 국회정보시스템

[그림 2-6] 국회법률정보시스템

[5] 영문법령집

국제화시대를 맞이하여 우리나라의 현행법령을 외국인들이 쉽게 알 수 있도록 하기 위해서 만들어진 것이 영문법령집이다. 현행법령을 영어로 번역한 것으로 세계법제정보센터(https://world.moleg.go.kr/)라는 이름의 전자법령집의 형태로 운영되고 있으며, 법제처에서 관리하고 있다(일부 법령에 대해서는 중국어로 번역한 자료도 제공하고 있다). 다만 법령 번역에 시간이 소요되기 때문에 법이 개정된 후에 영문법령집에 개정된 사항이 반영되는데 시간이 걸린다는 점을 유의할 필요가 있다.

[그림 2-7] 대한민국영문법령

[6] 그 밖의 법령자료

i. 입법예고

행정절차법 제41조 내지 제45조의 규정에 의하면 법령 등을 제정 또는 개정하거나 폐지하고자 할 때에는 입법안을 마련한 행정청으로 하여금 이를 예고하도록 하고 있으며, 예고의 내용은 입법안의 취지, 주요내용 또는 전문이다. 입법예고는 관보나 공보 또는 인터넷, 신문, 방송 등의 방법을 통하여 이루어도록 규정되어 있는데, 법령을 만든 기관에서도 입법예고를 하지만, 이를 통합하여 제공하는 곳이 국민참여입법센터(https://opinion.lawmaking.go.kr/)이다. 국민참여입법센터에서 제공하는 입법예고에는 부처에서 제공하는 입법예고뿐만 아니라, 각 부처의 하위법령에 대한 행정예고와 지방자치단체의 입법예고도 포함된다. 예고된 입법안에 대해서는 정해진 기간 내에 누구든지 의견을 제출할 수 있도록 하고 있다.

[그림 2-8] 국민참여입법센터

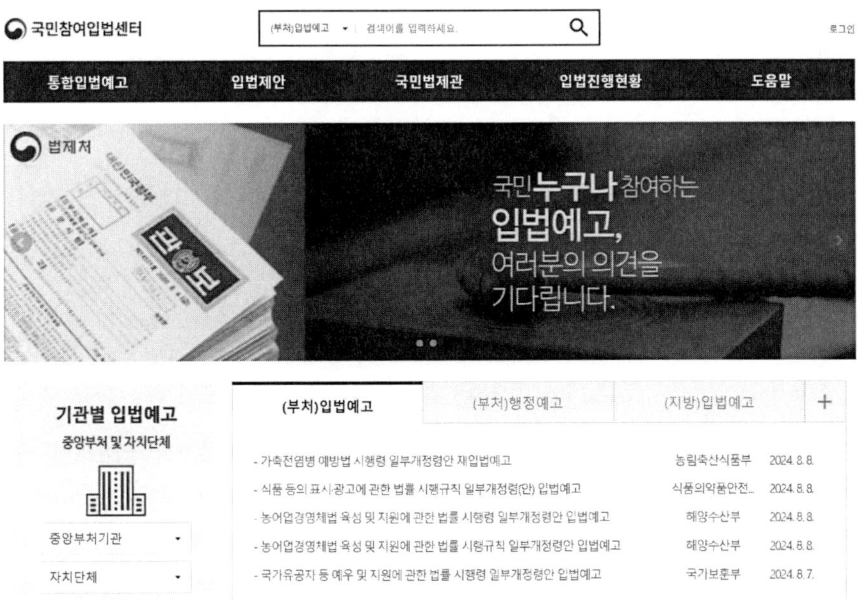

한편 국회의원에 의하여 제출된 법률안은 정부안과는 달리 국회에서 운영하는 국회입법예고시스템(http://pal.assembly.go.kr/)을 통하여 이루어지고 있다.

[그림 2-9] 국회입법예고

ii. 의안정보(議案情報)

법률을 제정하거나 개정하는 과정은 앞서 살펴본 [그림 2-1]과 같다. 의안정보에서는 법률의 제정 또는 개정과정에서 국회에 제출된 법률안이 상임위원회에 회부된 후 법률안으로서 상정되어 의결이 이루어진 과정에서 제출된 정보를 제공한다. 다시 말하면 의안정보를 제공하는 의안정보시스템(http://likms.assembly.go.kr/bill/)에서는 정부나 국회의원에 의하여 제출된 법률안과 그에 대한 검토보고서, 심사보고서 등과 의안의 심의 경과에 대한 회의록을 제공한다. 그러므로 의안정보를 통하여 국회에 제출된 법률안이 어떠한 내용이며, 어떠한 논의가 이루어졌는지를 확인할 수 있다.

[그림 2-10] 국회 의안정보시스템

예를 들어 검색하고자 하는 법률명을 입력하여 검색을 하면 설정된 조건에 부합하는 법령명을 가진 의안정보가 검색되는데, 검색결과를 살펴보면 의안 자체에 관한 정보와 검토보고서 및 심사보고서가 제출되어 있음을 알 수 있고, 아래쪽에는 의안에 대한 심의가 어떻게 이루어졌는지를 보여주는 난이 있다. 이 가운데 검토보고서는 해당 위원회의 전문위원들이 작성하는 것으로 법안의 근거나 타당성에 대한 정보를 담고 있고, 심사보고서는 법안에 대한 심사결과를 보여준다. 따라서 이러한 자료를 통하여 법안의 내용이나 의미를 조금 더 쉽게 이해할 수 있다.

[그림 2-11] 의안정보 검색결과

의안검색

간편검색

상세검색

[2202756] 민법 일부개정법률안(정부)

· 심사진행단계

접수 > 위원회 심사 > 대안반영폐기

· 접수

▶ 의안접수정보

의안번호	제안일자	제안자	문서	제안회기
2202756	2024-08-12	정부	의안원문	제22대(2024~2028) 제417회

▶ 제안이유 및 주요내용

제안이유 및 주요내용

현재는 법인의 주사무소 등기부와 별도로 분사무소 등기부를 두고 있어 신청인이 분사무소 소재지에서 추가로 등기신청을 하여야 하는 부담이 있고 각 등기부가 서로 일치하지 않는 문제가 발생할 수 있으므로, 앞으로는 법인의 분사무소 등기부를 폐지하고 법인의 주사무소 소재지에서만 등기하도록 하여 등기의 불일치를 방지하고 등기신청인의 시간적 · 경제적 부담을 완화하는 한편, 법인이 주사무소를 이전한 경우에는 종전 소재지 또는 새 소재지에

+ 더보기

· 위원회 심사

▶ 소관위 심사정보

소관위원회	회부일	상정일	처리일	처리결과	문서
법제사법위원회	2024-08-13	2024-08-23	2024-08-27	대안반영폐기	검토보고서 심사보고서

▶ 소관위 회의정보

회의명	회의일	회의결과	회의록
제417회 국회(임시회) 제2차 전체회의	2024-08-23	상정/제안설명/검토보고/대체토론/소위회부	요약
제417회 국회(임시회) 제1차 법안심사제1소위	2024-08-27	상정/축조심사/의결(대안반영폐기)	요약
제417회 국회(임시회) 제3차 전체회의	2024-08-27	상정/소위심사보고/찬반토론/의결(대안반영폐기)	요약

제3절 법조문의 형식

법전을 찾거나 정확하게 인용하기 위해서는 법조문이 어떠한 형식으로 구성되어 있는지를 알 필요가 있다. 이하에서는 법전에서 볼 수 있는 법령의 조문 형식에 관하여 간단하게 설명한다.

[1] 조 · 항 · 호

조(條)는 법령을 구성하는 기본적인 단위이다. 우리가 보는 법령집은 조의 순서대로 나열되어 있다. 이에 대하여 항(項)은 조의 구성 부분이 두 개 이상의 문장으로 되어 있으면서 그 내용이 서로 독립적인 경우에 사용된다. 그리고 호(號)는 조 또는 항에서 규정하는 내용을 나열하는 경우에 주로 사용된다. 호의 하위단위로는 목(目) 등이 있다.

[참고자료 5]

가사소송법 제2조(가정법원의 관장 사항) ① 다음 각 호의 사항(이하 "가사사건"이라 한다)에 대한 심리(審理)와 재판은 가정법원의 전속관할(專屬管轄)로 한다. <개정 2013. 4. 5., 2013. 7. 30., 2014. 10. 15., 2016. 12. 2., 2017. 10. 31.>

1. 가사소송사건

가. 가류(類) 사건

1) 혼인의 무효

2) 이혼의 무효

3) 인지(認知)의 무효

4) 친생자관계 존부 확인(親生子關係 存否 確認)

5) 입양의 무효

6) 파양(罷養)의 무효(이하 생략)

[2] ○조의○

법령을 제정하면서 조의 순서를 정하면, 법령을 개정하면서 새로운 내용을 추가하는 경우에도 조의 순서는 변경하지 않는 것이 원칙이다. 따라서 기존의 조문 사이에 새로운 조문을 추가하는 경우에는 ○조의○과 같은 형식을 취하게 된다. 다만 법령을 전부개정하는 경우에는 조문의 번호가 변경될 수 있는데, 이 경우에는 개정 전 법령과 비교하기 위해서 신구조문대비표를 참고할 필요가 있다.

[참고자료 6]

민법 제60조(이사의 대표권에 대한 제한의 대항요건) 이사의 대표권에 대한 제한은 등기하지 아니하면 제삼자에게 대항하지 못한다.
민법 제60조의2(직무대행자의 권한) ① 제52조의2의 직무대행자는 가처분명령에 다른 정함이 있는 경우 외에는 법인의 통상사무에 속하지 아니한 행위를 하지 못한다. 다만, 법원의 허가를 얻은 경우에는 그러하지 아니하다.
② 직무대행자가 제1항의 규정에 위반한 행위를 한 경우에도 법인은 선의의 제3자에 대하여 책임을 진다.[본조신설 2001.12.29.]
민법 제61조(이사의 주의의무) 이사는 선량한 관리자의 주의로 그 직무를 행하여야 한다.

[3] 본문과 단서

하나의 조문에서 서로 상반되는 내용을 규정하는 경우에 원칙을 정하는 부분을 본문(本文)이라고 하고, 그와 상반되는 내용을 규정하는 부분을 단서(但書)라고 부른다. 일반적으로 본문과 단서를 구분하기 위하여 '그러나' 또는 '다만'과 같은 접속어를 사용한다.

[참고자료 7]

제5조(미성년자의 능력) ① 미성년자가 법률행위를 함에는 법정대리인의 동의를 얻어야 한다. 그러나 권리만을 얻거나 의무만을 면하는 행위는 그러하지 아니하다.
②전항의 규정에 위반한 행위는 취소할 수 있다.
제60조의2(직무대행자의 권한) ① 제52조의2의 직무대행자는 가처분명령에 다른 정함이 있는 경우 외에는 법인의 통상사무에 속하지 아니한 행위를 하지 못한다. 다만, 법원의 허가를 얻은 경우에는 그러하지 아니하다.
② 직무대행자가 제1항의 규정에 위반한 행위를 한 경우에도 법인은 선의의 제3자에 대하여 책임을 진다. [본조신설 2001.12.29]

[4] 제1문과 제2문

하나의 조문이 2개 이상의 문장으로 되어 있으면서 이들이 본문과 단서의 관계에 있지 아니하고 단순히 어떤 사항을 나열하고 있는 경우에 이들 문장을 구분하기 위하여 제1문과 제2문 등으로 부른다.

[참고자료 8]

제25조(관리인의 권한) 법원이 선임한 재산관리인이 제118조에 규정한 권한을 넘는 행위를 함에는 법원의 허가를 얻어야 한다. 부재자의 생사가 분명하지 아니한 경우에 부재자가 정한 재산관리인이 권한을 넘는 행위를 할 때에도 같다.

제4절 법령의 인용

[1] 인용되어야 할 사항

논문이나 보고서 또는 서면을 작성하는 경우에 주장의 근거가 되는 법령을 인용할 필요가 있다. 이러한 경우에 인용하는 법령을 특정하기 위하여 밝혀야 하는 사항으로는 법령명, 법령의 제정 또는 개정일자, 법령번호 등이 있다.

[참고자료 9] 법령의 인용방법

민법 [법률 제471호, 1958. 2. 22., 제정] 민법 [법률 제19098호, 2022. 12. 27., 일부개정]

물론 잘 알려진 법령의 경우 또는 특정한 법령에 관한 논문을 쓰는 경우에는 법령명을 반복적으로 인용할 필요는 없을 것이다. 이 경우에는 처음 조문을

인용하면서 앞으로 법령명을 기재하지 않고 인용한다는 사실을 명확하게 밝힌 후 조문의 번호만 기재하는 방법으로 인용하기도 한다.

한편 대부분의 경우 현재 시행되고 있는 법령이 적용된다는 것을 전제하므로 이 경우에는 법령명만으로도 충분히 인용하고자 하는 법령을 특정할 수 있지만, 최근에 제정되거나 개정된 법령을 인용하거나 수차례 개정을 거친 법령 가운데 특정한 시점에 효력이 있는 법령을 인용해야 하는 경우에는 그 시점에서 효력이 있는 법령을 특정할 필요가 있으므로 법령의 제정 또는 개정일자와 법령번호를 인용할 필요가 있다.

[참고자료 10] 특정한 시점의 법령을 인용하는 방법

> 대법원 1997. 3. 20. 선고 96누1382 전원합의체 판결[개발부담금부과처분취소][집45(2)특,412;공1997.4.1.(31),977]
>
> 【판시사항】
>
> [1] 매입가액을 기준으로 부과개시시점의 지가를 산정할 수 있는 경우에 관하여 규정한 개발이익환수에관한법률시행령(1993. 8. 12. 대통령령 제13956호로 개정된 것) 제9조 제5항이 제한적·열거적 규정인지 여부(적극)
>
> [2] 구 개발이익환수에관한법률(1993. 6. 11. 법률 제4563호로 개정되기 전의 것) 하에서의 개발부담금 제도에 관한 대법원의 해석이 법 개정 후에도 여전히 적용되는지 여부(소극)

이하에서는 법령을 인용함에 있어서 주의하여야 할 사항을 차례로 살펴보기로 한다.

[2] 법령명

과거의 관행에 따르면 모든 법령의 이름은 붙여 쓰는 것을 원칙으로 하였고, 따라서 아무리 긴 법령명도 붙여 썼다. 예를 들어 약관의 규제에 관한 법률의 경우에는 '약관의규제에관한법률'로 쓰는 것이 원칙이었으나, 이 경우에도

「약관의 규제에 관한 법률」과 같이 겹낫표나 따옴표 등을 이용하여 다른 것과 구별될 수 있게 하는 경우에는 법령명을 띄어 쓸 수 있었다. 그렇지만 현재는 법령명이 여러 단어로 구성되어 있는 경우에는 띄어쓰기를 한다. 다만 법령명이 여러 단어로 구성되어 긴 경우에는 줄여서 사용하기도 하는데, 예를 들어 국가법령정보센터에서 「부동산 실권리자명의 등기에 관한 법률」을 검색하면 '부동산실명법'이라는 약칭으로 정해 두었음을 확인할 수 있다(더 줄여서 사용하는 경우 부실법이라고도 하는데, 이는 공식적인 명칭은 아니다).

[참고자료 11] 법령명과 약칭

부동산 실권리자명의 등기에 관한 법률 (약칭: 부동산실명법) [시행 2017. 1. 7.] [법률 제13713호, 2016. 1. 6., 일부개정]

한편 판결문에서는 한번 인용된 법령이 다시 인용되는 경우 「같은 법」, 「같은법시행령」, 「같은법 시행규칙」이라고 하는 약칭을 사용하여 표현하고 있다. 그렇지만 하나의 판결문에 여러 개의 법령이 사용되는 경우에는 법령명의 인용원칙에 따라 법령명을 그대로 사용하거나 약칭을 사용한다.

[3] 법령의 일자

앞서 살펴본 바와 같이 법률의 제정은 국회에서 이루어지나 대통령에 의하여 공포된 때(즉 관보에 게재된 때) 비로소 법률로서 성립하게 된다. 대통령령과 총리령 및 부령의 경우에도 마찬가지로 관보에 게재된 때에 법령으로 성립하게 된다. 따라서 법령이 언제 공포되었는지는 매우 중요한 정보이다. 그러므로 법령을 정확하게 표시하기 위해서는 법률의 제정일자 또는 개정일자와 공포번호를 밝힐 필요가 있다.

한편 법률의 경우에는 그 법률에 특별한 규정이 없다면 헌법 제53조 제7항의 규정에 따라 공포 후 20일이 지난 후에 효력을 가지지만, 대부분의 경우

부칙규정에서 법률의 효력이 발생하는 때를 정하고 있으므로 제정일자나 공포번호만을 가지고 언제부터 법률이 효력을 가지는지를 정확하게 알 수는 없다. 따라서 제정되거나 개정된 법령이 효력을 가지는 때를 밝혀야 하는 경우에는 [참고자료 11]에서 확인할 수 있는 바와 같이 시행일자도 함께 기재할 필요가 있다.

[4] 구법(舊法)의 표시

ⅰ. 법령이 개정된 경우

대부분의 경우 현행법령이 적용되지만 때때로 구법이 적용되어야 할 때도 있다. 이러한 경우에는 개정되었거나 폐지된 법률을 정확하게 밝혀줄 필요가 있다.

법령이 개정된 경우에는 법령명 앞에 '구(舊)'자를 붙여서 표현한다. 일상생활과 밀접한 관련이 있는 주택임대차보호법을 예로 들면, 주택임대차보호법은 2020년 6월 9일에 임대차계약의 갱신 여부에 관한 통지기간을 임대차기간이 끝나기 전 1개월에서 2개월로 연장하는 것으로 개정되었는데, 이 경우 개정되기 전의 규정이 적용되어야 한다면 주택임대차보호법을 아래와 같이 인용할 수 있다.

[참고자료 12] 구법의 인용방법

☞ 구∨주택임대차보호법(2020. 6. 9. 법률 제17363호로 개정되기 전의 것)

주택임대차보호법의 경우와 마찬가지로 민법의 경우에도 '구∨민법'이라는 표현을 하는 경우에는 민법이 제정된 이후에 개정된 것을 나타내는 것이다. 예를 들어 구∨민법(2002. 1. 14. 법률 제6591호로 개정되기 전의 것)은 상속회복청구권에 관한 규정(제999조)과 상속의 승인과 포기에 관한 규정(제1019조)을 개정하기 전의 민법을 의미한다. 그렇지만 민법에 있어서는 「구민법(의용민법이라고도 함)」이라고 표현하는 경우가 있는데, '구민법'의 의미는 현행민법이 시행되기 전에 적용되

던 일제강점기의 민법을 가리키는 것이며, 개정되기 전의 민법을 의미하는 구민법과는 전혀 다르다. 따라서 일제강점기의 민법을 표시하고자 하는 경우에는 반드시 '구민법'으로 붙여 써야 하며, '구민법' 대신에 '의용민법'이라는 용어를 사용할 수 있다.

ii. 전부개정(全部改定)의 경우

앞서도 설명한 바와 같이 법령을 개정하는 경우에는 조문의 순서를 변경하지 않는 것이 원칙이다. 그렇지만 법령을 전체적으로 개정하는 경우도 있는데, 이를 '전부개정'이라고 한다. 전부개정의 경우에는 법령의 내용에 대한 대폭적인 변경이 이루어질 뿐만 아니라 조문의 순서에 대한 변경이 이루어지기도 한다. 전부개정이 이루어지기 전의 민사소송법을 예로 들면 다음과 같다.

[참고자료 13] 새로운 조문이 추가된 예(민사소송법)

제1편 총칙
제1조 (신의성실의 원칙) 법원은 소송절차가 공정 · 신속하고 경제적으로 진행되도록 노력하여야 하며, 당사자와 관계인은 신의에 좇아 성실하게 이에 협력하여야 한다. [본조신설 1990 · 1 · 13]
[종전 제1조는 제1조의2로 이동 <1990 · 1 · 13>]

제1장 법원
제1절 관할
제1조의2 (보통재판적) 소는 피고의 보통재판적 소재지의 법원의 관할에 속한다. [제1조에서 이동 <1990 · 1 · 13>]

위의 예를 보면 1990. 1. 13.의 개정으로 민사소송법 제1조에 신의성실의 원칙에 관한 규정이 신설되면서 종전의 제1조인 보통재판적에 관한 규정은 제1조의2가 되었다. 조문의 번호가 이와 같이 변경된 이유는 새로운 조문을 신설한 경우에도 기존의 조문번호가 변경되지 않아야 하기 때문이다. 그렇지만 2002년 민사소송법이 전부개정된 이후의 조문순서를 보면 보통재판적에 관한 제1조의2가 제2조로 변경되었다는 사실을 확인할 수 있다. 전부개정 외에 전문개정이라는 용어도 사용되는데, 이는 그 조문의 내용에 대한 대폭적인 변경이 있었음을 알리기 위한 것이다.

[참고자료 14] 전부개정된 민사소송법

> 제1편 총칙
>
> **제1조(민사소송의 이상과 신의성실의 원칙)** ① 법원은 소송절차가 공정하고 신속하며 경제적으로 진행되도록 노력하여야 한다.
> ② 당사자와 소송관계인은 신의에 따라 성실하게 소송을 수행하여야 한다.
>
> 제1장 법원
> 제1절 관할
>
> **제2조(보통재판적)** 소(訴)는 피고의 보통재판적(普通裁判籍)이 있는 곳의 법원이 관할한다.

이와 같이 전부개정된 법령에 있어서 구 법령을 인용하고자 하는 경우에는 전부개정된 사실을 인용함과 동시에 구 법령의 조문이 현행법의 몇 조에 해당하는지를 밝혀주는 것이 바람직하다.

[참고자료 15] 구법의 인용방법

> ☞ 구∨민사소송법(2002. 1. 26. 법률 제6626호로 전부∨개정되기 전의 것) 제99조(현행 제108조[법인이 아닌 사단 등의 당사자능력])

[참고자료 16] 전부개정 전의 민사소송법 제99조 내지 100조

> **第99條(無權代理人의 費用負擔)** 法院이 第98條第2項의 境遇에 訴를 却下한 때에는 訴訟費用은 그 訴訟行爲를 한 代理人의 負擔으로 한다.<改正 1990·1·13>

第99條의2 (辯護士 報酬와 訴訟費用) ① 訴訟代理를 한 辯護士에게 當事者가 支給한 또는 支給할 報酬는 大法院規則으로 정하는 금액의 범위안에서 이를 訴訟費用으로 한다.
② 第1項의 訴訟費用을 算定함에 있어서는 數人의 辯護士가 訴訟代理를 한 경우라도 1人의 辯護士가 訴訟代理를 한 것으로 본다. [本條新設 1990·1·13]
第100條(訴訟費用額 確定決定) ① 法院이 訴訟費用의 負擔을 定한 裁判에 그 數額을 定하지 아니한 때에는 第1審受訴法院은 그 裁判의 確定後 當事者의 申請에 依하여 決定으로 定한다.
② 訴訟費用額의 確定決定申請에는 費用計算書 그 謄本과 費用額의 疎明에 必要한 書面을 提出하여야 한다.
③ 第1項의 決定에 對하여는 卽時抗告를 할 수 있다.

[참고자료 17] 전부개정된 민사소송법 조문

제108조(무권대리인의 비용부담) 제107조제2항의 경우에 소가 각하된 경우에는 소송비용은 그 소송행위를 한 대리인이 부담한다.
제109조 (변호사의 보수와 소송비용) ① 소송을 대리한 변호사에게 당사자가 지급하였거나 지급할 보수는 대법원규칙이 정하는 금액의 범위안에서 소송비용으로 인정한다.
② 제1항의 소송비용을 계산할 때에는 여러 변호사가 소송을 대리하였더라도 한 변호사가 대리한 것으로 본다.
제110조(소송비용액의 확정결정) ① 소송비용의 부담을 정하는 재판에서 그 액수가 정하여지지 아니한 경우에 제1심 법원은 그 재판이 확정되거나, 소송비용부담의 재판이 집행력을 갖게된 후에 당사자의 신청을 받아 결정으로 그 소송비용액을 확정한다.
② 제1항의 확정결정을 신청할 때에는 비용계산서, 그 등본과 비용액을 소명하는 데 필요한 서면을 제출하여야 한다.
③ 제1항의 결정에 대하여는 즉시항고를 할 수 있다.

iii. 법령명(法令名)이 개정된 경우

법령명에는 법령의 내용을 확인할 수 있는 용어를 사용하는 경우가 많다. 그런데 시간이 지나면서 법령의 내용이 변경되는 경우에 법령명을 그에 맞추어 변경하는 경우가 있다. 이 경우에는 변경되기 전의 법령을 인용할 때 변경된 법령명을 함께 적어주는 것이 좋다. 또한 이 경우에는 전부개정의 형식을 취하는 경우도 많이 있으므로 전부개정으로 인하여 조문의 번호가 바뀌었다면 이러한 사항도 함께 적어줄 필요가 있다.

[참고자료 18] 법령명이 변경된 예

☞ 법령명만 변경된 경우 : 구﹀사행행위등규제법(1993. 12. 27. 법률 제4607호 사행행위 등 규제 및 처벌 특례법으로 개정되기 전의 것) 제5조
☞ 법령명이 변경되면서 전부개정된 경우 : 매장 및 묘지 등에 관한 법률(2000. 1. 12. 법률 제6158호로 전부개정되기 전의 것) 제15조의2 (현행 장사 등에 관한 법률 제24조)
☞ 법령 중 일부가 새로운 법령으로 변경되면서 전부개정된 경우 : 구﹀입양특례법(2023. 7. 18. 법률 제19555호 국내입양에 관한 특례법으로 전부개정되기 전의 것) 제4조(현행 국내입양에 관한 특례법 제3조 제2항)

ⅳ. 법령이 없어진 경우

법령이 개정되면서 법령의 일부가 삭제된 경우, 법령이 폐지된 경우 및 법령이 실효한 경우에는 법령이 없어지게 된다. 이러한 경우에 삭제, 폐지 또는 실효한 법령을 인용하는 것은 현재는 효력이 없는 법령을 인용하는 것이므로, 인용한 법령이 삭제되거나 폐지된 근거를 밝히는 것이 바람직하기는 하지만 그로 인하여 법령의 내용이 변경된 것은 아니므로 언제 삭제되거나 폐지되었는지를 밝히는 것으로 충분하다고 생각된다. 따라서 삭제되거나 폐지된 법령은 아래와 같은 방법으로 인용할 수 있다. 다만 법령을 폐지하는 것은 다른 법률의 개정에 의하거나 또는 문제된 법률을 폐지하기 위한 법률을 만드는 방법에 의하므로 필요한 경우에는 폐지의 근거가 된 법령을 밝힐 필요가 있을 것이다.

[참고자료 19] 법령이 없어진 예

☞ 삭제된 경우 : 구˅주택임대차보호법 제5조(1989. 12. 30. 법률 제4188호로 삭제)
☞ 다른 법률의 부칙에 의하여 폐지된 경우 : 구˅농지개혁법(1994. 12. 22. 법률 제4817호 농지법 부칙 제2조로 폐지)
☞ 폐지법률에 의하여 폐지된 경우 : 이자제한법의 폐지법률 [폐지 1998. 1. 13 법률 제5507호] <폐지법률의 내용 : 利子制限法은 이를 廢止한다.>

한편 법령의 실효(失效)는 명시적 종기의 도래에 의한 실효, 일시 등의 경과나 관계사무 종료에 의한 실효, 근거 법령의 폐지·실효 등에 의한 실효, 구법·신법의 관계에 의한 실효 등의 경우가 있다. 형법에서 말하는 한시법의 기간이 경과한 경우도 법률이 실효한 경우에 해당한다. 법령의 실효에 관한 사항은 당해 법률 또는 관련된 법률의 부칙을 통하여 살펴볼 수 있다.

[참고자료 20] 법령이 실효된 예

☞ 실효된 경우 : 구˅임야소유권이전등기등에관한특별조치법(실효) [제정 1969. 5. 21 법률 제2111호]
• 근거조문 : 제11조 (등기기간) 이 법에 의하여 등기하여야 할 임야의 등기를 하지 못한 취득자는 이 법 시행일로부터 1년 내에 등기하여야 한다.
• 실효기간의 연장 : 제11조 (등기기간) 이 법에 의하여 등기하여야 할 임야의 등기를 하지 못한 취득자는 이 법 시행일로부터 2년 6월내에 등기하여야 한다. <일부개정 1970. 6. 18. 법률 제2204호>

제5절 법령 찾기

법령을 찾는 방법은 법령을 수록하고 있는 법전을 통하여 찾는 방법과 전자법령집에서 찾는 방법이 있다. 법령을 찾기 위하여 사용할 수 있는 요소는 앞서 법령에 관한 설명과 인용방법을 통하여 살펴본 바와 같이 법령명과 법령의 제정 또는 개정일자 이외에도 시간적으로 법령의 제정과정에서 제공되는 입법정보, 법률안에 관한 정보, 법령으로 성립된 후의 정보 등으로 나눌 수 있다. 이 가운데 가장 기본이 되는 법전에서 법령을 찾는 방법부터 설명을 시작하기로 한다.

[1] 법전으로 찾기

법전을 이용하여 법령을 찾는 방법은 법전의 첫 부분에 있는 색인을 이용하는 것인데, 법전에는 통상 2가지 유형의 색인이 있다. 그 중 하나는 가다다순이며, 다른 하나는 법령을 분야별로 정리한 것이다.

i. 가나다순으로 찾기

법전에는 통상 수록된 법령명을 가나다순으로 정리한 색인이 갖추어져 있다. 이를 이용하여 국어사전을 찾는 것과 마찬가지로 수록된 법률명을 찾는 방법이 있다. 다만 이러한 방법을 이용하려는 경우에는 법령의 명칭을 정확하게 알고 있거나 최소한 법령 앞 부분의 단어를 알고 있어야 한다.

ii. 편별로 찾기

소법전과 변호사시험용 법전의 경우에는 그 법전에 수록된 법령을 영역별로 나누어 수록하고 있다. 따라서 이러한 편별분류를 사용하는 경우에는 찾고자 하는 법령의 내용을 이용하여 그 분야에 관한 법령을 찾아봄으로써 원하는 법령을 찾을 수 있다. 이 방법은 어떤 분야에 관한 법령을 전체적으로 살펴보고자 하는 경우에 특히 유용하다.

[2] 전자법령집에서 찾기

전자법령집을 통하여 법령을 찾는 방법도 법전을 이용하여 찾는 방법과 다르지 않다. 다만 전자법령집의 경우에는 용어나 그 밖의 지표를 이용하여 검색할 수 있으므로, 법전을 이용하는 것보다 편리한 점이 있다. 법령정보를 제공하는 정부기관은 법제처이므로 먼저 국가법령정보센터에 관한 설명을 한 후, 국회에서 운영하는 국회법률정보시스템과 법원에서 운영하는 종합법률정보에 대해서도 소개한다. 그리고 법령정보를 국가법령정보센터라는 휴대전화 앱을 이용하여 검색하는 것도 가능하므로 이에 관하여도 간단하게 소개한다.

i. 국가법령정보의 구성

법령정보를 제공하고 있는 국가법령정보센터의 첫 번째 화면은 아래와 같다.

[그림 2-12] 국가법령정보센터

이 화면의 상단 중앙에는 검색창이 있는데, 기본적으로는 이 검색창을 이용하여 법령명을 검색할 수 있도록 되어 있다. 그렇지만 보다 구체적으로 자료를 검색하기 위해서는 검색하기 전에 미리 결정해야 하는 것들이 있다.

먼저 이 화면에서는 검색의 대상을 법령, 자치법규, 행정규칙, 판례 · 해석례 등, 별표 · 서식, 공공기관 규정, 그 밖의 정보로 나누고 있으므로, 이 가운데 어떠한 것을 검색의 대상으로 할 것인지를 결정해야 한다(검색창 옆의 '∨'를 누르면 위쪽의 목록보다 자세한 목록을 볼 수 있다).

법령의 경우에는 검색대상이 법률과 대통령령 및 부령이다(헌법도 법령에 포함된다). 그리고 법령에 관한 자료는 현행법령과 연혁법령, 근대법령, 외국어번역, 최신법령, 조약으로 구분된다. 가장 기본적인 검색대상은 현행법령이지만, 구법이 필요한 경우에는 연혁법령을 통하여 이를 확인할 수 있다(현행법령으로 검색한 후에 연혁을 통하여 확인하는 것도 가능하다). 한편 근대법령은 일제강점기의 법령을 말하며, 외국어번역은 대한민국영문법령에서 제공하는 영문으로 된 법령을 말한다. 그리고 최신법령은 최근에 제정되거나 개정된 법령을 보여주는 것이다.

자치법규는 각 지방자치단체가 제정한 조례와 규칙에 관한 정보를 제공하고 있으며, 행정규칙은 정부기관의 훈령, 예규, 고시를 제공한다. 그리고 공공기관 규정은 공공기관의 정관이나 규정을 제공하고, 대학규칙과 지방공사나 공단 등의 규정 일부도 제공하고 있다(이 항목을 선택한 경우에는 아래쪽에 있는 세부항목을 추가로 선택해야 원하는 정보를 검색할 수 있다). 그리고 법령정보의 부수적인 별표와 서식, 법령정보는 아니지만 밀접한 관련이 있는 판례나 해석례도 제공하며, 나아가 법령용어와 전자법령집 등의 정보도 제공하고 있다. 이 가운데 전자법령집은 개인이 업무상 필요한 법령을 편집하여 사용할 수 있도록 한 서비스이다.

[그림 2-13] 국가법령정보센터에서 제공하는 법령자료 전체목록

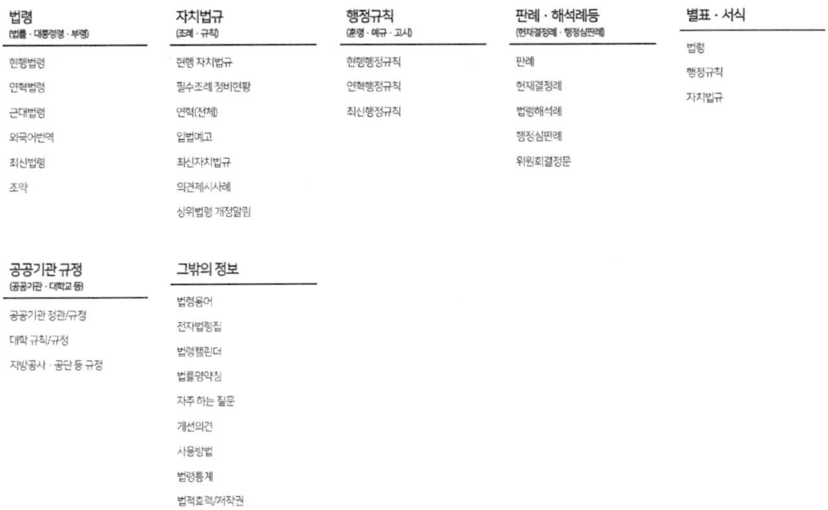

위에서 설명한 바와 같이 검색하는 방법 외에 법령을 찾는 방법에는 법령의 소관부처를 이용하여 관련법령을 찾는 방법과 법분야별로 검색하는 방법이 있다. 법분야별로 검색하는 것은 현행법령집의 각 권에 수록된 법령을 찾는 것과 동일하다.

한편 법령을 각각의 주제에 따라 정리해 놓은 자료로는 생활법령정보가 있다. 생활법령정보는 가정법률을 비롯한 18개의 주제별로 해당 법령을 정리하여 놓은 것이다. 생활법령정보는 일상생활에 필요한 법령의 내용을 쉽게 확인할 수 있도록 만들어 놓은 것이며, 100문 100답을 통하여 궁금한 사항에 대한 답을 찾을 수 있도록 하였다.

[그림 2-14] 생활법령정보

생활법령정보를 통하여 제공하고 있는 자료의 유형에는 책자형, 카드뉴스형, 백문백답, 솔로몬의 재판, 웹툰이 있고, 책자형의 경우에는 18개의 주제별 생활법령 외에도 책자형 생활조례, 외국인을 위한 12개 언어로 번역된 외국어생활법령, 생애주기별로 필요한 법령의 내용을 정리한 맞춤형 생활법령 등이 있다. 맞춤형 생활법령의 경우에는 개인별 상황설정을 하면 그에 따라 선별된 법령의 목록을 제공한다.

카드뉴스형의 경우에는 질문과 대답의 형식으로 책자형의 내용을 간단하게 정리한 것이고, 외국어로 된 카드뉴스도 준비되어 있다. 그리고 백문백답은 질문과 답의 형식으로 관심사항에 대한 답을 정리해 둔 것이다. 솔로몬의 재판은 과거 TV에 방송되었던 프로그램에서 유래한 것으로 독자로 하여금 평결을 하도록 하는 사안을 소개하는 것이고, 웹툰은 법나들이라는 책자에 실린 만화를 게시하는 것으로 중요한 법률문제를 만화를 통하여 소개하는 것이다.

끝으로 국가법령정보센터의 첫화면의 위쪽에는 로그인이 있는데, 회원가입을 한 후 로그인을 하면 마이페이지가 생성이 되고 관심법령과 나의 조회이력이 생성된다. 그리고 나만의 법령집도 편집할 수 있다. 그리고 'English'라는 항목은 대한민국영문법령으로 이동할 수 있도록 하는 버튼이고, 생활법령은 앞서 살펴본 생활법령정보로 이동할 수 있는 버튼이다.

ii. 구체적인 법령검색

국가법령정보센터의 검색창에서 「양육비 이행확보 및 지원에 관한 법률」을 검색하면 다음과 같은 화면이 나타난다.

[그림 2-15] 법령검색화면

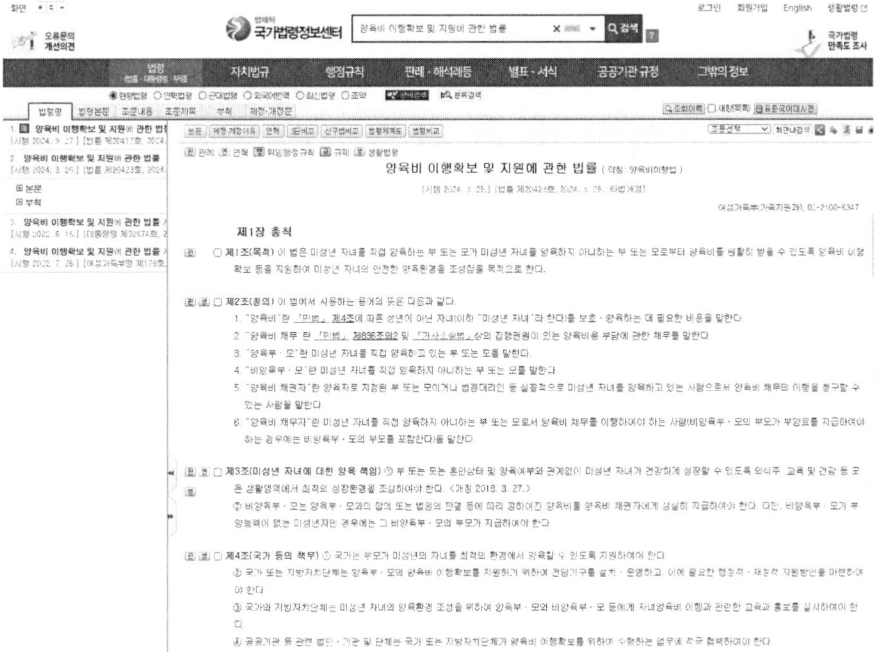

위 그림의 왼쪽에 있는 목록에서는 양육비이행법의 현황을 보여준다. 이 법령은 법률, 시행령, 시행규칙으로 구성되어 있으며, 이 가운데 법명 앞에 '예'라는 표시가 있는 것은 아직 시행되지 않은 법령을 의미하는데, 본문에서 개정된 조문을 바탕색을 달리하여 표시하고 있으므로 현행법령과 개정된 법령을 한꺼번에 확인할 수 있다(이 기능을 이용하기 위해서는 시행예정인 법령이 아닌 현행법령을 열람해야 한다).

[그림 2-16] 법령검색화면(개정된 후 시행되기 전의 조문)

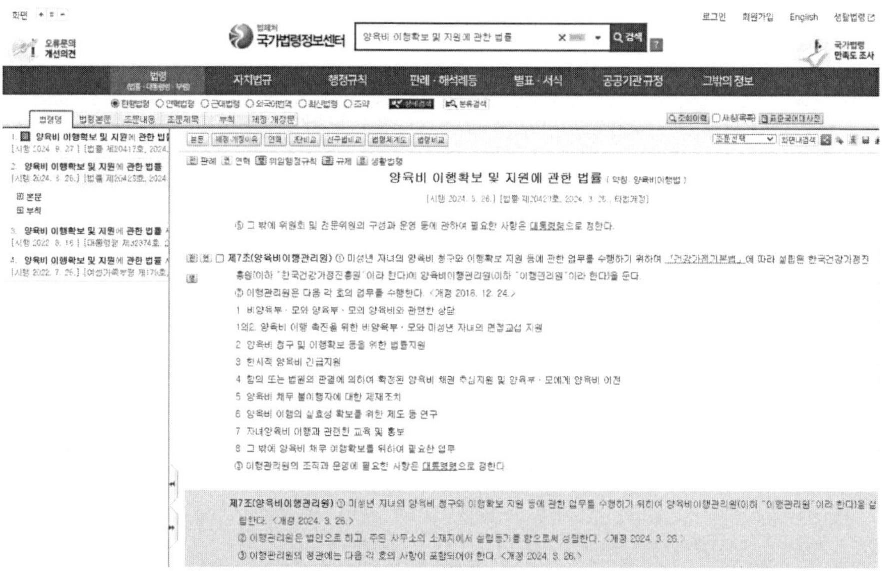

iii. 아이콘 설명

아래의 그림에는 법령을 검색하는 과정에서 이용할 수 있는 아이콘과 검색결과에 대하여 추가로 확인할 수 있는 정보를 제공하는 아이콘이 나열되어 있다.

[그림 2-17] 법령검색화면의 아이콘

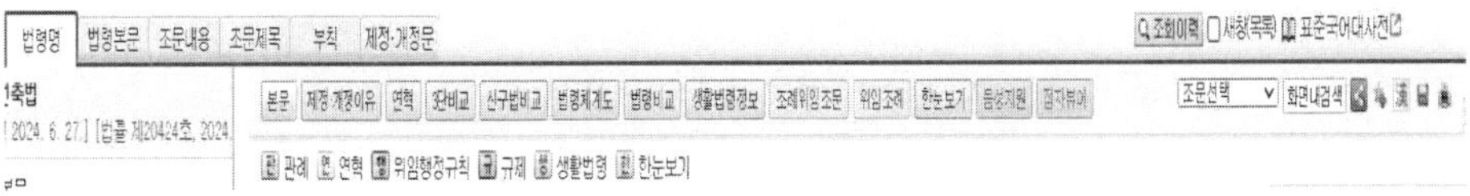

먼저 굵은 줄의 위쪽에 있는 아이콘을 차례로 살펴보면, 법령명은 검색어가 포함된 법령명을 대상으로 검색한 결과를 제공하며, 법령본문에서는 검색어가 법령의 본문에 포함된 법령명을 제공한다. 따라서 어떤 법령이 다른 법령에서 인용되고 있는지를 확인하기 위한 용도로 사용할 수 있다(조문내용 이하의 항목도 각각 검색의 대상이 되는 자료를 선택할 수 있도록 한 것이다).

줄의 아래쪽에 있는 푸른색의 버튼은 그 법령과 관련된 다양한 정보를 제공한다. 제정 · 개정이유는 최근에 개정된 이유와 종전의 개정 및 제정된 이유를 시간의 역순으로 살펴볼 수 있게 하며, 연혁은 법령이 제정된 후 개정된 상태를 보여준다(따라서 현행법이 아닌 개정 전의 법령을 확인하려면 연혁법령을 통하여 검색하는 방법과 현행법령을 검색한 후 연혁을 살펴보는 방법을 사용할 수 있다). 그리고 3단 비교는 법률과 시행령 및 시행규칙을 가로로 배열하여 한 번에 살펴볼 수 있도록 한다(3단 비교에서는 검색한 법령을 중심으로 다른 법령의 관계를 보여주므로 법률을 검색한 후에 3단 비교를 하는 것이 가장 유용하다). 그리고 신구법비교는 최근에 개정된 조문을 개정 전의 조문과 비교해서 보여주고, 법령체계도는 검색한 법령의 상위법과 하위법의 관계를 보여주며, 법령비교는 검색한 법령과 다른 법령을 비교할 수 있게 2개의 창을 통하여 법령을 검색할 수 있도록 한다. 한편 건축법등 일부법령의 경우에는 한눈보기 서비스를 통하여 법률용어의 의미를 쉽게 이해할 수 있도록 하고 있다.

아래의 [그림 2－18]에서는 입양특례법과 입양특례법의 내용 중 국내입양에 관한 부분을 분리하여 독립된 법률로 만든 「국내입양에 관한 특별법」의 내용을 보여주고 있다.

[그림 2-18] 법령비교

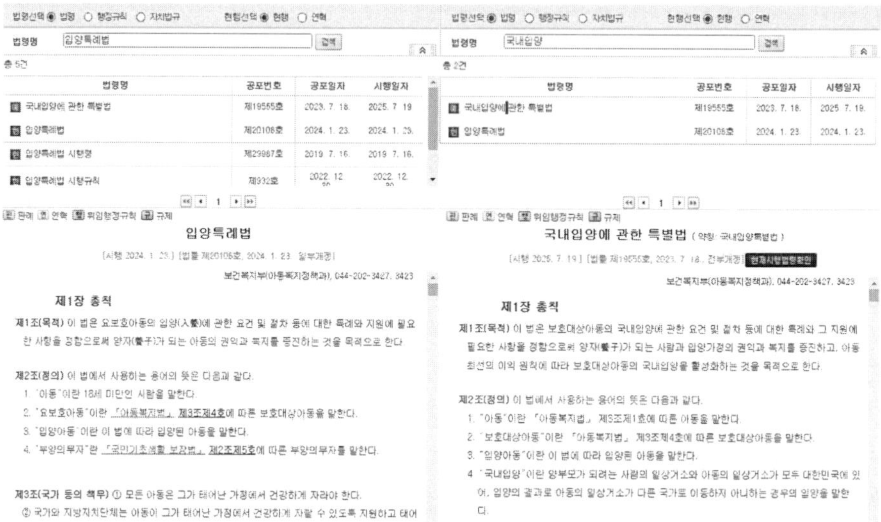

그리고 오른쪽 부분에 있는 아이콘은 그 동안의 조회이력과 어려운 법령용어를 국어사전에서 확인할 수 있도록 하는 것과 검색결과를 빠르게 확인할 수 있는 조문선택, 검색한 화면에서 용어를 검색할 수 있도록 하는 아이콘, 검색결과를 공유하거나 검색한 목록을 저장하는 아이콘, 법령에 사용된 한자를 볼 수 있도록 하는 아이콘, 법령을 저장하거나 출력할 수 있는 아이콘이 배치되어 있다.

한편 법령을 검색한 후에는 조문 앞에 있는 다음과 같은 아이콘을 볼 수 있다.

[그림 2-19] 조문정보 아이콘

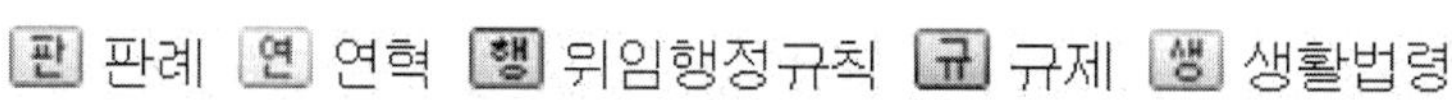

이에 관한 설명은 검색화면의 가장 위 부분에서 찾아볼 수 있다. 이 가운데 ‘판’은 해당조문을 참조조문으로 하는 판결을 보여주며, ‘연’은 개정되기 전의 조문과 현행 조문을 비교한 것이다. 그리고 ‘행’은 관련된 위임행정규칙의 내용을 보여주고, ‘규’는 규제사무에 관한 사항을 보여주며, ‘생’은 관련된 생활법령과 연결되어 있다.

앞서 소개한 바와 같이 국가법령정보센터에서는 법령 외에도 자치법규, 행정규칙, 판례와 해석례, 별표와 서식, 공공기관 규정과 그 밖의 정보를 제공한다. 이 가운데 자치법규는 지방자치단체가 제정한 조례와 지방자치단체의 장이 제정한 규칙을 말한다. 자치법규는 해당 지방자치단체의 홈페이지에서도 확인할 수 있지만, 국가법령정보센터를 이용하여 전국의 모든 지방자치단체가 제정한 자치법규를 한꺼번에 살펴볼 수 있다. 자치법규에는 상위법령의 개정사항을 확인할 수 있는 아이콘이 마련되어 있어서 상위규정과 관련된 사항을 쉽게 확인할 수 있도록 하고 있다.

[그림 2-20] 자치법규

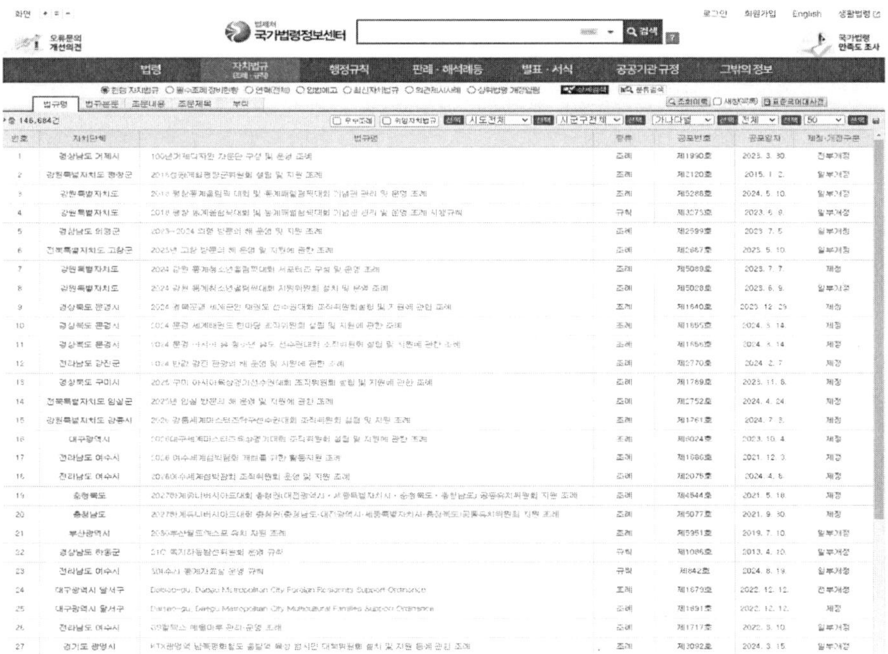

행정규칙은 국가기관이 제정한 훈령, 예규, 고시 등을 확인할 수 있는 곳이다. 정부기관은 법령의 시행과 관련한 구체적인 내용을 정하고 있는데, 우리의 일상생활과 밀접한 관련을 가지고 있는 규정들이 많이 포함되어 있다.

[그림 2-21] 행정규칙

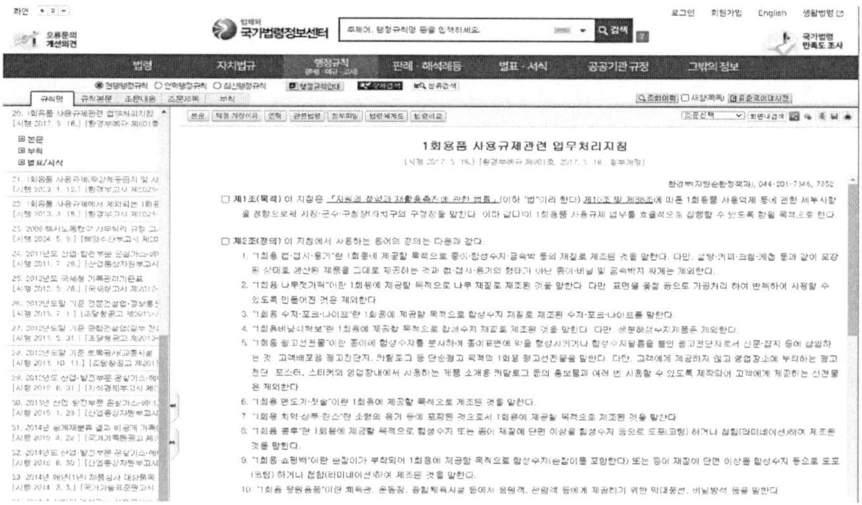

그리고 판례와 해석례에서는 대법원 등 각급법원의 판결과 헌법재판소 결정, 법제처에 의한 법령의 해석, 국민권익위원회의 행정심판 결정문, 국가인권위원회나 노동위원회 그리고 공정거래위원회 등의 결정문을 제공하고 있다. 이 가운데 판결은 대법원에서 제공하는 종합법률정보에서 검색할 수 있는 것이기는 하지만 배열방법이 다르고 법령과 관련된 판결을 곧바로 확인할 수 있다는 점에서 유용하다(아래의 그림은 장사 등에 관한 법률 제23조를 근거로 하는 판결임).

[그림 2-22] 판례

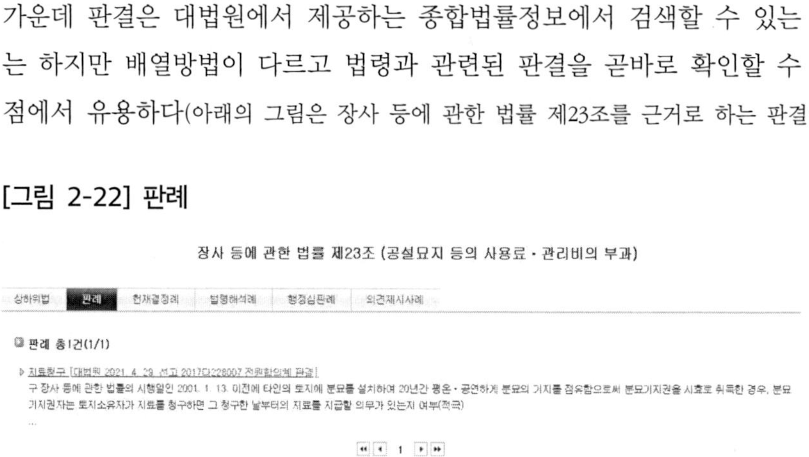

ⅳ. 국회법률정보시스템

국회법률정보시스템은 국회에서 운영하는 전자법령정보이다. 홈페이지의 첫 화면을 통해서 알 수 있는 바와 같이 현행법률과 최근에 제정되거나 개정된 법률, 폐지된 법률, 판례 그리고 국회의 운영에 관한 국회관계법규를 검색할 수 있고, 법률관련정보를 통하여 법제현안과 참고자료를 확인할 수 있다. 그리고 입법과정개관에서는 입법과정을 자세하게 설명한다.

국가법령정보와 비교할 때 국회법률정보는 현행법령의 검색을 더 중요하게 본다고 할 수 있고, 판례의 경우에도 대법원의 종합법률정보에서 제공하는 판례를 중복적으로 제공한다고 할 수 있다. 따라서 개인적인 성향에 따라 국가법령정보나 국회법률정보를 선택적으로 이용할 수 있다고 할 것이다.

[그림 2-23] 국회법률정보시스템

ⅴ. 사법정보공개포털

사법정보공개포털 중 종합법률정보에서는 법령에 관한 정보도 제공하고 있다. 따라서 법령을 검색하기 위하여 법령명에 속한 검색어를 입력하거나 법령명을 입력하는 방법을 이용할 수 있다. 그런데 국가법령정보센터의 경우에는 법령명의 약칭을 사용하여 검색할 수 있지만, 사법정보공개포털의 경우에는 정확한 법령명 또는 법령명의 일부를 검색어로 하여 검색을 해야 하고 약칭을 사용할 수 없다. 그리고 조약에 관한 정보도 제공한다.

국가법령정보센터와 차이가 나는 점은 적용기준일을 이용하여 검색을 할 수 있다는 점과 헌법재판소에 계류 중인 사건의 심판대상조문을 검색할 수 있다는 점이다. 그리고 검색의 대상이 되는 자료는 법률, 명령, 시행규칙에 해당하는 법령이다. 따라서 보다 하위의 법령을 검색하기 위해서는 국가법령정보센터를 이용하여야 한다. 그렇지만 대법원이 제정하는 대법원규칙(대법원규칙은 국가법령정보센터에서도 제공한다), 그보다 하위의 규정인 예규나 선례를 제공하고 있으므로 이에 관하여 검색하고자 하는 경우에는 사법정보공개포털을 이용하는 것이 편리하다.

[그림 2-24] 사법정보공개포털 : 법령

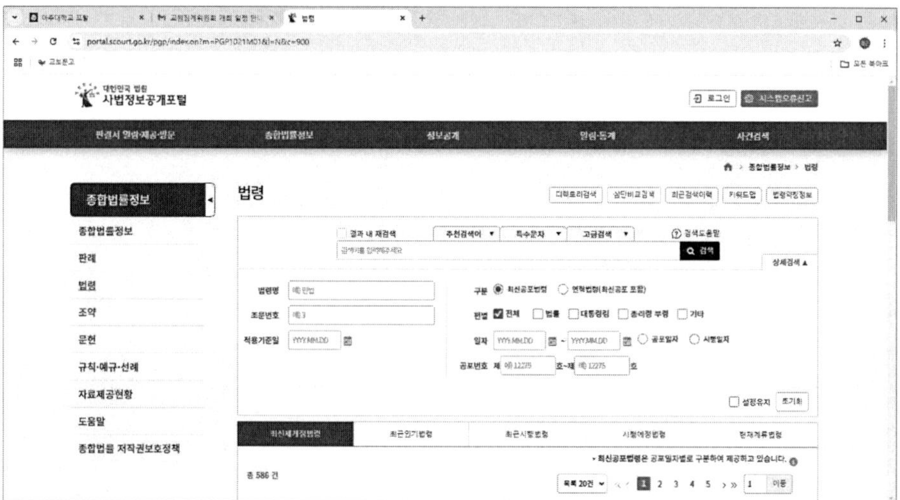

아래의 그림을 '가족관계'라는 검색어를 입력하여 검색한 결과이다. 검색을 위해서는 검색어를 입력하여 검색하는 단순검색의 방법과 여러 항목을 설정할 수 있는 상세검색을 선택할 수 있고, 상세검색을 통하여 검색의 범위를 제한할 수 있다. 그리고 검색결과의 법령명을 클릭하면 법령의 구체적인 내용을 확인할 수 있다.

법령의 내용을 보면 판례와 문헌이라는 아이콘이 있는데, 이를 클릭하면 해당 조문을 참조조문으로 하는 판결과 해당조문에 관하여 설명하고 있는 문헌을 확인할 수 있다.

[그림 2-25] 법령검색 결과

[그림 2-26] 법령검색 결과 : 분문

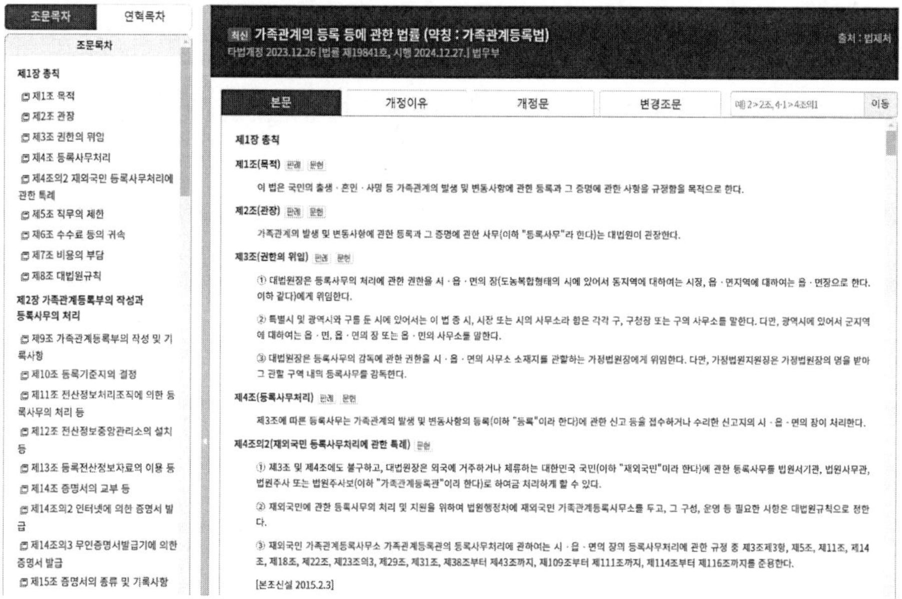

한편 종합법률정보의 경우 법령이라는 항목 외에 규칙·예규·선례라는 항목이 있는데, 이는 법원이 제정한 규칙·예규·선례를 법령과 분리하여 모아놓은 방이다. 규칙의 경우는 국가법령정보에서도 검색할 수 있지만 예규와 선례는 그렇지 않기 때문에 구체적인 사안에서의 업무처리방법에 대하여 규정하고 있는 예규와 선례를 검색하기 위해서는 이 항목을 이용해야 한다.

그리고 법령검색창의 아래쪽에 헌재계류법령이 있는데, 이는 헌법재판소에 위헌심판을 제청한 사건을 보여주는 것으로 이를 클릭하면 해당 사건의 번호만 알 수 있고, 2025. 2. 현재 구체적인 자료는 아직 연결되지 않은 것으로 보인다.

[그림 2-27] 예규검색결과

[3] 모바일을 이용한 법령정보 찾기

법령정보를 컴퓨터를 이용하여 검색하는 것 외에 모바일이나 패드를 이용하여 검색할 수 있다. 이곳에서는 모바일을 중심으로 설명을 진행하지만, 패드에 동일한 앱을 설치하면 모바일의 경우와 유사한 방법으로 법령정보를 찾을 수 있다.

i. 모바일 국가법령정보센터

[그림 2-28]에서 볼 수 있는 국가법령정보센터라는 앱을 설치하면 [그림 2-29]와 같은 국가법령정보센터에 접속할 수 있다. 홈페이지에 접속한 후 왼쪽 위에 있는 3개의 선 부분을 눌러 [그림 2-30]과 같은 국가법령정보센터 앱설정이 나오면 각자의 필요에 따라 몇 가지 사항을 설정할 수 있다.

그리고 [그림 2-29]의 화면에서는 법령을 주제어나 법령명으로 찾을 수 있는 창이 있고, 주제어를 입력하여 원하는 법령과 그 밖의 자료를 찾을 수 있다. 예를 들어 [그림 2-29]의 검색창에 '주택'을 입력하면 주택이라는 단어가 포함된 법령자료가 검색되는데, 다시 한번 검색 부분을 누르면 [그림 2-31]와 같이 주택에 관한 현행법령뿐만 아니라 국가법령정보센터에서 보유하는 모든 자료에서 '주택'이라는 단어가 포함된 자료의 검색결과를 보여준다.

또한 [그림 2-32]에서 보는 바와 같이 모바일 국가법령정보센터에서도 법령, 행정규칙, 자치법규 등 국가법령정보센터와 동일한 정보를 제공하며, 신구법비교, 3단비교 등의 서비스도 제공하고 있다(신구법비교와 3단비교는 모바일화면을 가로로 설정하는 경우에만 이용할 수 있다).

[그림 2-28] 앱 설치 화면

[그림 2-29] 국가법령정보센터 홈

[그림 2-30] 설정화면

[그림 2-31] 검색결과

[그림 2-32] 3단비교

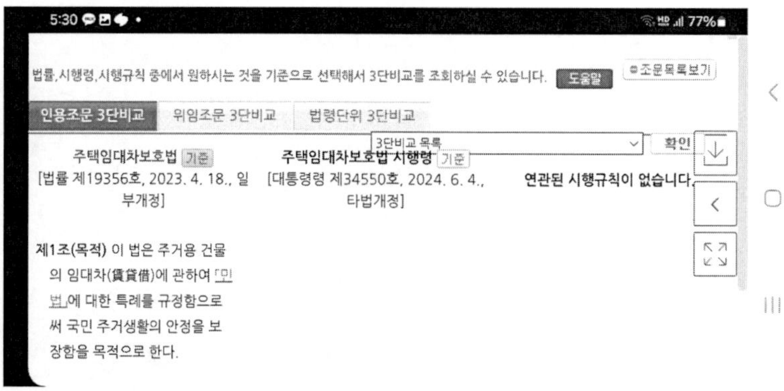

ii. 사법정보공개포털

사법정보공개포털의 경우에도 모바일을 이용하여 법령정보를 검색할 수 있다. 다만 2025. 2. 현재 종전에 제공되던 대한민법 법원 앱을 설치할 수 없으므로 모바일을 이용하여 사법정보공개포털의 홈페이지 주소(https://portal.scourt. go.kr/)를 입력하여 사용할 수 있다(홈페이지 주소에 대한 바로가기를 모바일에 설치하면 앱을 설치한 것과 같은 효과를 얻을 수 있다).

[그림 2-33] 포털의 홈페이지

[그림 2-34] 바로가기 서비스

[그림 2-33]와 [그림 2-34]의 자주 찾는 서비스 바로가기에서 볼 수 있는 바와 같이 사법정보공개포털은 대법원이 제공하는 서비스를 한 곳에 모아놓은

것이다. 현재에도 이들 서비스를 각각의 홈페이지를 통하여 이용할 수 있지만 이를 하나의 홈페이지에 통합해 놓은 것이다. 따라서 통합검색을 이용하면 검색어에 관한 모든 정보를 한꺼번에 찾을 수 있다. 다만 너무 많은 검색결과를 제공하므로 필요한 정보의 범위가 명확하다면 그 부분에 한정하여 검색하는 것이 편리하다.

[그림 2-35] 전체검색 결과

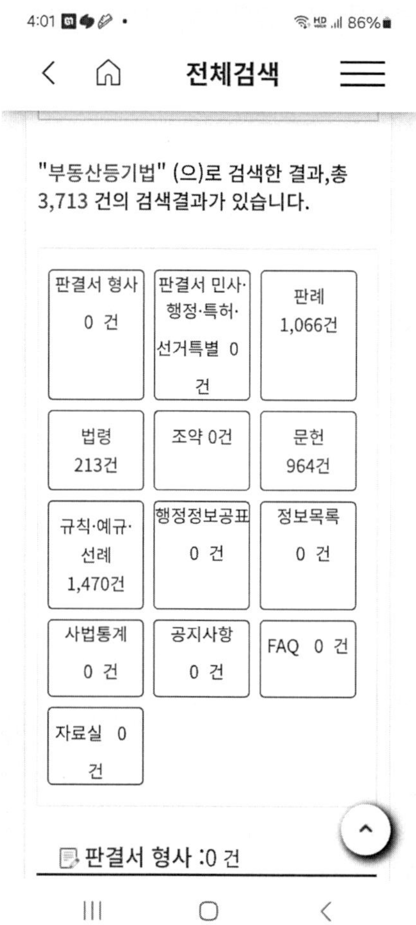

[그림 2-36] 법령검색

iii. 모바일 의안정보시스템

국회에서 제공하는 의안정보시스템의 경우에도 모바일을 통하여 이용할 수 있다.

국회의 의안정보시스템 앱은 [그림 2-37]과 같으며, 첫 번째 화면은 [그림 2-38]과 같다. 의안정보시스템에서는 최근에 접수되거나 통과된 의안을 확인할 수 있을 뿐만 아니라 법령명을 이용하여 검색하는 것도 가능하다.

[그림 2-37] 의안정보시스템 앱

[그림 2-38] 의안정보시스템 첫화면

ⅳ. 법령검색 앱

변호사가 만든 법퍼링법전 앱도 있다. 이 앱은 국가법령정보센터의 법률정보와 연동하여 법령정보를 제공하므로 국가법령정보센터를 이용하는 것과 동일한 결과를 얻게 되지만, 사용자가 보는 화면에 차이가 있으므로 개인적인 취향에 따라 선택할 수 있다고 할 것이다.

법퍼링 법전에서는 국가법령정보센터에서 제공하는 조문에 따른 판결도 함께 확인할 수 있다는 점에서 판례법전과 유사한 역할을 한다. 나아가 유료서비스도 제공하고 있는데, 멤버십에 가입하면 조문에 메모하기 등 다양한 기능을 이용할 수 있다.

[그림 2-39] 법퍼링법전 앱

[그림 2-40] 법퍼링법전 첫화면

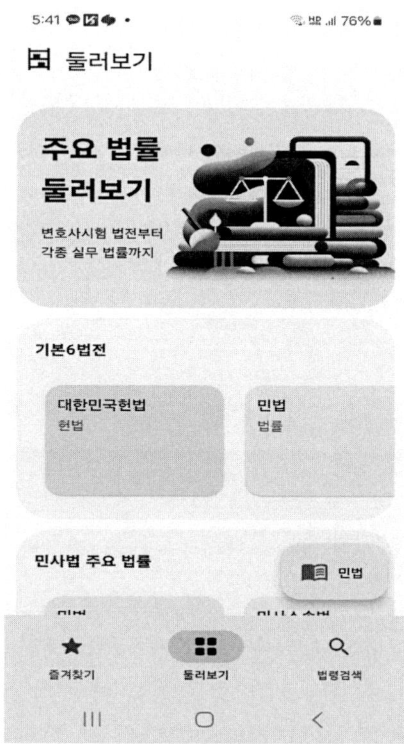

제3장

판 례 편

제1절 판결과 판례

법학에서는 '판결'과 '판례'라는 용어를 많이 사용한다. 이들 용어의 의미를 국어사전을 통하여 살펴보면, 판결은 '재판에서 일의 옳고 그름을 판단하여 결정하는 것'이라고 설명하고 있고, 판례는 '법원에서 동일하거나 비슷한 소송사건 또는 문제점에 관하여 판결한 전례'라고 설명하고 있다. 이와는 달리 법률용어사전에서는 판결에 대하여 민사소송법상으로는 '소송법상 법원이 하는 재판으로서 반드시 변론을 거쳐 행하는 것'으로서 법정의 형식에 의하여 작성되어야 하는 것이라고 설명하며, 형사소송법상으로서는 '종국재판의 원칙적 형식으로 가장 중요한 재판의 형식'이라고 설명한다. 그리고 '재판의 선례를 말하며, 예외적으로 단 한 번의 판결일지라도 합리성이 인정되는 한 장래에 있어 규범의 가치를 갖는 까닭에 판례라고 불리기도 한다'고 설명한다.

위와 같은 설명을 정리해 보면, 판결은 법원이 구체적인 사건에 대하여 판단한 것으로 일정한 형식을 취하고 있는 것이며, 판례는 법원이 구체적인 사건의 처리결과인 판결을 통하여 정립하고자 하는 법리 또는 법칙이라고 할 수 있다. 따라서 판례가 형성되기 위해서는 원칙적으로 유사한 사안에 대하여 다수의 판결이 있어야 한다.

제3장에서는 개별적인 사건에 대한 결론인 판결을 검색하는 것을 살펴보기

로 한다. 이를 위해서는 판결을 선고하는 법원과 소송절차에 관한 약간의 지식이 필요하므로, 이에 관한 설명부터 시작하기로 한다.

제2절 법원의 구성

판결의 내용을 이해하기 위해서는 법원이 어떠한 절차를 거쳐 판결을 하는가를 아는 것이 도움이 된다. 법원의 재판절차에 관하여는 민사소송법, 형사소송법, 행정소송법 등 각종의 소송법과 소송규칙에서 규정하고 있으며, 그에 관하여는 법학전문대학원 또는 법과대학에 각각의 교과목이 개설되어 있는 것이 일반적이다. 그러므로 이곳에서는 판례검색을 위하여 필요한 범위 내에서 간단하게 설명하기로 한다.

[1] 법원의 지위와 조직

법원은 법관으로 구성되고 소송절차에 따라 사법권을 행사하는 것을 그 본래의 직무로 하는 국가기관이며, 헌법상 사법기관(司法機關)으로서의 지위를 가진다. 헌법상 법원은 대법원과 각급법원으로 구성되는데, 법원의 조직 및 운영에 관한 세부사항은 법원조직법에서 규정하고 있다. 법원조직법에 따르면 현재 우리나라의 법원조직은 대법원, 고등법원, 지방법원(지방법원지원 포함)의 3단계로 구성되어 있으며(그 밖에 시·군법원도 있다), 그 밖에 특별법원으로 특허법원, 가정법원, 행정법원, 회생법원이 있다.

[그림 3-1] 법원조직도

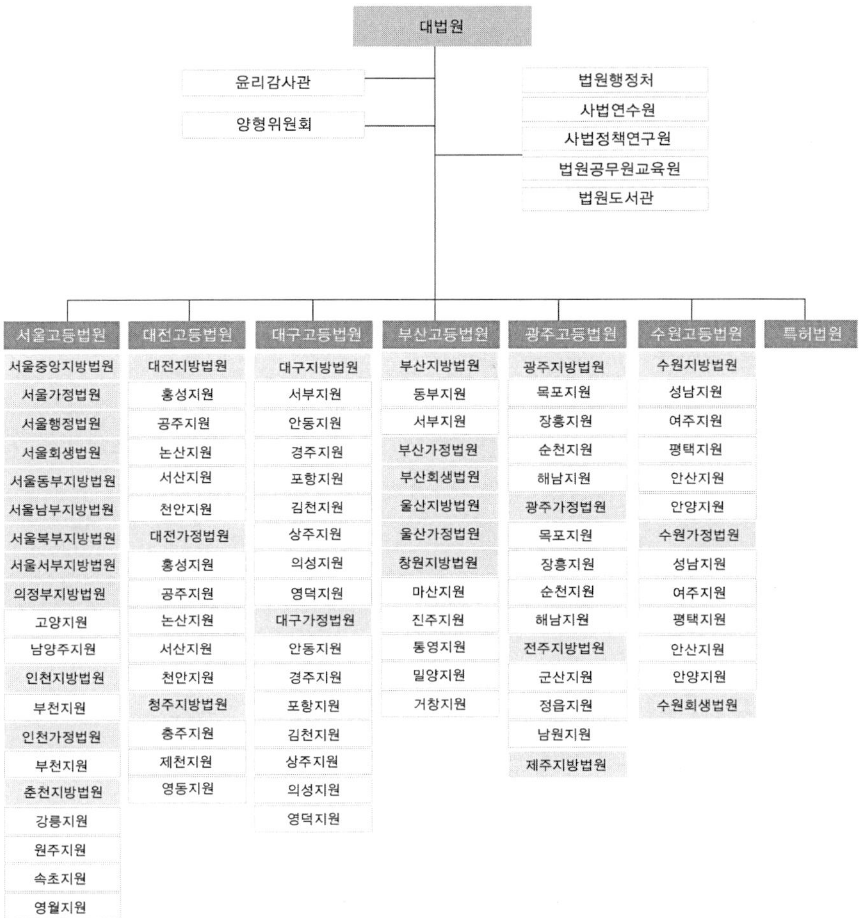

[2] 대법원

법원조직법에 따르면 대법원은 대법원장과 대법관 13인으로 구성된다. 다만 대법관 중 1인은 법원행정처장으로서의 직무를 수행하며 재판에는 관여하지 않는다(법원행정처장은 법원 전체의 행정에 관한 일을 관장한다). 대법원의 심판권은 대법관 전원의 3분의 2 이상으로 구성되고 대법원장이 재판장이 되는 합의체에서 행사하는 것이 원칙이지만, 대법관 3인 이상으로 구성된 부에서 먼저 사건을 심리하여 의견이 일치하는 경우에는 전원합의체에 의하여 재판을 하지 않아도 된다(법원조직법 7조 1항). 그래서 일반적으로 대법원에서의 재판은 4인으로 구성된 부에서 이루어진다.

[그림 3-2] 대법원 판결문

대 법 원

판 결

사 건	2023두36800 보험료부과처분취소
원고, 피상고인	원고
	소송대리인 변호사 장서연 외 7인
피고, 상고인	국민건강보험공단
	소송대리인 변호사 임현정 외 3인
원 심 판 결	서울고등법원 2023. 2. 21. 선고 2022누32797 판결
판 결 선 고	2024. 7. 18.

주 문

상고를 기각한다.

상고비용은 피고가 부담한다.

이 유

상고이유를 판단한다.

1. 사안의 개요

원심판결 이유와 기록에 따르면 다음 사실을 알 수 있다.

가. 원고는 1991년생 남성이고 소외인은 1990년생 남성으로서, 두 사람은 2013년부

대법원이 전원합의체에 의하여 판결을 해야 하는 경우로는, ① 명령 또는 규칙이 헌법에 위반함을 인정하는 경우(따라서 헌법에 위반하지 않는다고 인정하는 경우에는 전원합의체에 의하지 아니하고 부에서 재판할 수 있다), ② 명령 또는 규칙이 법률에 위반함을 인정하는 경우, ③ 종전에 대법원에서 판시한 헌법·법률·명령 또는 규칙의 해석적용에 관한 의견을 변경할 필요가 있음을 인정하는 경우, ④ 부(部)에서 재판함이 적당하지 아니함을 인정하는 경우가 있다. 이 가운데 ③의 경우가 법학을 공부하거나 법률실무에 있어서 가장 중요한 의미를 가진다.

소송절차에 있어서 대법원은 민사·형사·행정·특허 및 가사사건의 판결에 대한 상고사건, 결정·명령에 대한 재항고사건을 재판하며, 선거소송에 대하여는 1심이자 최종심으로서 재판한다.

그리고 법원의 운영과 관련하여 대법원은 규칙제정권을 가진다. 즉 대법원은 소송에 관한 절차, 법원의 내부 규율과 사무처리에 관한 규칙을 제정할 수 있으며, 이를 사법입법권이라고 한다. 사무처리에 관한 규칙 가운데 일상생활과 밀접한 관련이 있는 규칙으로는 가족관계의 등록에 관한 규칙과 등기에 관한 규칙을 들 수 있다.

[3] 고등법원

고등법원은 현재 서울, 대전, 대구, 부산, 광주, 수원 등에 설치되어 있으며, 고등법원장과 대법원규칙에 의하여 정하여진 수의 판사로 구성되어 있다. 고등법원의 심판권은 판사 3인으로 구성된 합의부에 의하여 행사된다. 고등법원은 1심 판결에 대한 항소사건, 1심 결정·명령에 대한 항고사건 등을 심판한다. 그리고 고등법원에는 법원 내부의 행정 및 일반직원의 지휘·감독을 위하여 사무국을 둔다. 한편, 제주도를 관할하는 광주고등법원의 소송을 분담하기 위하여 제주도에는 광주고등법원 제주부가 설치되어 있고, 춘천과 인천에는 서울고등법원 재판부가 설치되어 있다(2028년 3월에 인천고등법원의 설치가 예정되어 있다).

[4] 지방법원, 지원 및 시 · 군법원

민사소송의 경우나 형사소송의 경우, 소송이 시작되는 법원은 1심 법원이라고도 불리는 지방법원, 지원 또는 시 · 군법원이다. 이 가운데 중심이 되는 것은 지방법원인데, 현재 전국의 지방법원 수는 17개이며, 지방법원의 사무 일부를 처리하기 위하여 그 관할구역 내에 지원과 소년부지원, 시 · 군법원 및 등기소를 둘 수 있다. 지방법원은 지방법원장과 대법원규칙으로 정한 수의 판사로 구성되며, 행정사무를 관장하는 사무국을 둔다.

지방법원은 민사 및 형사사건을 1심으로 재판한다. 그런데 재판을 하는 법원은 피고의 주소지나 피고인의 주소지, 범죄지 등 사건 당사자나 사건과 관련이 있는 곳으로 정해져 있으므로 관할이 있는 법원에 소를 제기하여야 한다. 한편 대법원이나 고등법원과는 달리 지방법원에는 합의부에 의하여 재판이 이루어지는 경우와 단독판사에 의하여 재판이 이루어지는 경우가 있다. 합의부와 단독판사에 의한 재판의 분배를 사물관할이라고 하는데, 사건의 규모나 경중에 따라 각 사건을 합의부 또는 단독판사에게 배정하게 된다.

[참고] 법원의 관할

다수의 법원간에 재판권을 어떻게 분배하여 행사시킬 것인가를 정하는 것과 동일지방법원 내의 단독판사와 합의부 간의 재판사무의 분담을 규정한 것으로 나누어 볼 수 있다. 관할을 민사소송법에서는 재판적이라고 부르고 있는데, 법원의 관할은 재판권을 나누는 표준을 어디에서 구하느냐에 따라서 구분된다. 민사소송법에서는 피고의 주소지를 관할하는 지방법원에 보통재판적이 있는 것으로 규정하고 있지만(제2조), 그 밖에도 다양한 기준에 따라 재판적을 인정하고 있으며, 당사자가 합의하여 관할법원을 정하는 것도 가능하다(제3조~제25조).

이와는 달리 제1심 소송사건을 다루는 지방법원 단독판사와 지방법원 합의부 사이에서 사건의 경중을 표준으로 재판권의 분담관계를 정해 놓은 것을 사물관할이라고 한다. 지방법원에서 재판을 담당하는 재판부의 구성을 살펴보면, 단독판사의 경우에는 한 사람의 법관이 재판부를 구성하게 되며, 합의부의 경우에는 3명의 법관이 재판부를 구성하게 된다. 지방법원의 재판부에 의하여 이루어지는 1심 재판은 단독판사의 관할에 속하는 것이 원칙이지만, 민사사건의 경우에는 소송가액이 5억원이 넘는 경우, 형사사건의 경우에는 사형, 무기 또는 단기 1년 이상의 징역 또는 금고에 해당하는 사건에 대해서는 합의부의 관할로 하는 것이 원칙이다. 그리고 지방법원과 지원에는 소송가액 3천만원 이하인 소액사건을 담당하는 단독판사가 있다.

소송은 아래와 같이 1심, 2심 3심의 과정을 거치는데, 모든 사건의 3심은 대법원이 관할하지만, 지방법원 단독판사의 관할에 속하는 사건의 2심은 같은 지방법원 내에 설치된 항소부에서 담당하며, 지방법원 합의부의 관할에 속하는 사건의 2심은 고등법원에서 담당한다.
한편 시 · 군법원은 지방법원 또는 지원의 관할구역 안에 위치한 시(市)나 군(郡)을 관할구역으로 하여 그 관할사건을 심판하는 법원이며(법원조직법 제33조), 소액사건심판법의 적용을 받는 민사사건과 협의상 이혼의 확인 등을 주요업무로 한다.

[참고자료 21] 3심제 체계도(심급관할)

대법원(3심)

↑

고등법원 — (2심) — 지방법원(항소부)

↑

지방법원(합의부) — (1심) — 지방법원(단독판사)

[참고] 원심법원

원심이라고도 하며, 재판이 행하여지고 있는 법원의 직전 하급법원을 말한다. [3심제 체계도]를 기준으로 설명하면, 대법원 판결문에서의 원심은 고등법원 또는 지방법원 항소부가 되며, 2심인 고등법원 판결문에서의 원심은 지방법원 합의부가 되고, 지방법원 항소부의 경우에는 지방법원 단독판사가 된다. 대법원 판결에서 1심판결을 인용하는 경우에는 1심법원이라는 표현을 사용하며, 이 경우는 지방법원 합의부 내지 지방법원 단독판사가 이에 해당된다.

[참고] 사실심과 법률심

법원이 재판을 함에 있어서 당사자가 주장하는 사실관계와 그에 적용될 법률관계에 대하여 판단할 수 있는 재판을 사실심이라고 하며, 사실관계를 주어진 것으로 하고 그에 대한 법률관계가 올바르게 적용되었는가에 대해서만 판단할 수 있는 재판을 법률심이라고 한다. 사실심의 경우에는 당사자가 자신의 주장을 하고 그에 대한 증거를 제시하는 등의 방법으로 서로 공격과 방어를 행하게 되지만, 법률심에 있어서는 주어진 사실관계에 대한 원심법원의 판단이 잘못되었다는 내용의 공격과 방어가 있게 되고 법원도 이 부분에 대해서만 판단하게 된다. 우리의 소송제도에서는 1심법원과 2심법원이 사실심이 되고, 3심인 대법원은 법률심이 된다.

[5] 특허법원

1998년 3. 1. 이전에는 특허권의 발생·소멸·정정 등을 둘러싼 분쟁에 관하여 행정심판의 형식으로 특허심판원에 의한 심판과 항고심판을 거친 후 이에 불복하는 경우에는 곧바로 대법원에 상고하도록 되어 있어서 3심제의 원칙은 유지되었으나 당사자가 법정에서 변론을 할 수 있는 사실심은 생략된 구조로 운영되었다. 그러다가 1994. 7. 27. 법률 제4765호에 의하여 고등법원급인 특허법원이 만들어지고, 부칙 규정에 의하여 1998. 3. 1.부터 업무를 시작함에 따라 특허신청 등에 대한 처분에 불복하는 경우에는 먼저 특허심판원에 심판을 청구하며, 특허심판원의 심결에 대하여 불복하는 경우에는 특허법원에 소를 제기하여 특허법원이 1심으로 이를 재판하고 그 판결에 불복이 있는 경우에는 대법원에 상고할 수 있도록 함으로써 법원에서의 사실심리를 강화한 2심제로 운영하고 있다. 특허법원은 특허심판원의 심결과 민사법원의 특허권 등 침해소송을 관할하며, 분야별로 기술심리관을 두어 특허·실용신안 사건의 기술적인 사항에 대한 재판부의 이해와 판단을 보조하도록 함으로써 전문법원으로서의 내실을 도모하고 있다(법원조직법 제54조의2).

[6] 가정법원

가정법원은 가사에 관한 사건과 소년에 관한 사건 등을 전문적으로 처리하기 위하여 1963. 10. 1.에 설치되었다. 가정법원은 지방법원과 동격의 법원으로서 현재는 서울을 비롯한 고등법원 소재지와 광역시인 인천 및 울산에 설치되어 있다. 가정법원이 담당하는 가사사건은 가사소송법이 정하는 바에 따라 법관 3인으로 구성된 합의부에서 처리하거나 또는 단독판사가 처리하는 것으로 되어 있으며, 소년사건과 가정보호사건의 경우에는 단독판사가 처리하는 것으로 되어 있다. 그리고 가정법원에는 가사조정사건을 다루기 위한 조정위원회와 가사·소년·가정보호사건을 조사하는 조사관이 있다. 한편 가정법원 또는 가정지원이 설치되지 아니한 지역에 있어서는 가정법원의 권한에 속하는 사항은 가정법원 및 그 지원이 설치될 때까지 해당 지방법원 및 지원이 이를 관할한다.

[7] 행정법원

행정법원은 1998. 3. 1.부터 행정소송법에서 정한 행정사건을 심판하기 위하여 설치된 지방법원급의 법원으로서 현재는 서울에만 설치되어 있다. 그래서 행정법원이 설치되지 아니한 지역의 경우 행정법원의 관할에 속하는 사건은 해당 지방법원 본원이 이를 관할하는 것을 규정하고 있다. 현재 서울행정법원은 서울특별시, 의정부시, 동두천시, 구리시, 남양주시, 고양시, 양주군, 파주시, 연천군, 포천군, 가평군 및 강원 철원군을 관할하며, 조세, 토지수용, 근로, 일반행정 등의 사건을 심판한다. 따라서 행정처분의 부당함을 다투거나 부당해고 등을 다투는 경우에는 행정법원의 관할이 된다.

[8] 회생법원

회생법원은 2017. 3. 1. 설치되었다. 처음에는 서울에만 설치되었지만 그 후 수원과 부산에도 설치되었다. 회생사건은 개인이나 법인이 채무과다로 인하여 이를 변제할 능력이 없는 경우, 법원이 파탄에 직면한 채무자의 채무를 강제로 조정해 채무자의 회생을 도모하는 사건이며, 이를 전문적으로 처리하도록 하기 위하여 만든 법원이 회생법원이다. 회생법원은 1심법원에 해당한다.

제3절 판결의 수록

법학을 공부하거나 실무를 수행하면서 어떤 법조항이 적용되는 구체적인 사례를 살펴보기 위해서는 법원의 판결 또는 결정을 참고해야 하는데, 이에는 대법원을 비롯한 각급법원의 판결과 헌법재판소 결정이 있다. 이하에서는 학습을 위하여 참고할 수 있는 판결 또는 결정과 이들 자료를 수록하고 있는 문건에 관하여 간단하게 살펴보기로 한다.

[1] 판례공보와 대법원판례집

3심제를 채택하고 있는 우리나라의 재판제도에서 대법원이 최고법원의 역할을 수행하고 있으며, 따라서 당해 사건에 대하여는 하급심을 구속하는 힘을 가지고 있다(법원조직법 제8조). 그렇지만 대법원 판결은 일반적으로 하급심을 구속하는 사실상의 구속력을 가짐으로써 개별적인 판결을 통하여 판례를 형성하는 작용을 한다. 이러한 이유로 학습을 위해서 참고하는 판결도 대부분의 경우 대법원 판결이다.

대법원 판결이 수록된 공식적인 문헌으로는 법원도서관에서 발간하는 판례공보(1995년까지는 법원공보의 일부였지만, 1996년부터 판례공보로 분리되었다)와 대법원판례집이 있다(1979년까지는 대법원판결집이라는 이름으로 간행되었으며, 1994까지는 법원행정처에서 발간하였다). 이 가운데 판례공보가 판결을 공개하는 대법원의 공식적인 간행물로 다루어지며, 매월 1일과 15일에 정기적으로 발간된다. 그리고 대법원이 제공하는 종합법률정보나 법고을의 자료도 판례공보의 자료가 기초가 된다. 대법원판례집은 판례공보에 수록된 판결 가운데 선례로서의 가치가 있다고 생각되는 판결을 선정하여, 대법원판결의 원심판결과 상고이유 등 추가적인 자료를 덧붙여 간행하는 책이다. 1년에 1회 정도 발간되고 있으며, 판례공보와는 달리 간행하는 날자가 정해져 있지는 않다. 그 밖에 외국연구자를 위하여 영문판례집과 중문판례집도 발간하고 있다.

판례공보와 대법원판례집에 수록되는 판결은 민사, 형사, 특별이라는 분류에 따라 나누어진다. 민사사건은 민사재판부에서 다루는 사건을 말하고, 형사사건은 형사재판부에서 다루는 사건을 말하며, 특별사건은 일반행정·세무·특허·가사부에서 다루는 사건을 말한다. 이 가운데 가사는 판례공보에는 특별편에 포함되지만 종합법률정보에서는 민사에 포함시키고 있다. 위와 같이 분류된 판결은 선고일자의 순서로 정리되고, 선고일자가 같은 경우에는 사건번호의 순서로 정리하여 수록한다.

[참고] 선례구속성의 원칙

선례(先例)구속성의 원칙이란 동일한 사안에 대해서는 과거에 이루어진 판결(선례)에 따라야 한다는 원칙이다. 선례구속성의 원칙은 영미법의 중요한 원칙이었으나, 1966년 영국의 귀족원은 이 원칙을 변경하여 경우에 따라서는 선례를 변경할 수 있다는 원칙을 채택함으로써 선례구속성의 원칙을 폐기하였다. 영미법의 경우와는 달리 우리나라에 있어서는 법원조직법 제8조의 규정에 의하여 상급법원의 재판에 있어서의 판단은 당해 사건에 관하여서만 하급심을 구속하므로, 대법원의 판결은 일반적으로 법적 구속력이 있다고 할 수는 없다. 그렇지만 대법원의 판결과 결론을 달리하는 하급심의 판결은 결국에는 파기된다는 사실상의 구속력과 판례의 변경에 신중을 기하기 위하여 대법원이 판례를 변경하는 경우에는 대법관 전원의 3분의 2 이상으로 구성되는 전원합의체에서 심판하기로 하는 등의 제도(법원조직법 제7조 제1항 제3호)를 통하여 종전의 대법원의 판결은 대법원 자신뿐만 아니라 하급법원을 구속하는 힘을 가지게 된다.

[2] 하급심판결집

대법원을 제외한 각급 법원의 판결을 총칭하여 하급심 판결이라고 한다. 하급심 판결은 당해 사건에 대한 판결로서의 의미를 가질 뿐이지만, 그 사건의 구체적인 사실관계와 그에 따른 법원의 판단을 파악할 수 있다는 점에서 참고할 필요가 있다.

하급심 판결을 수록한 판결집으로는 1983년까지 발간된 고등법원판결집과 1984년부터 년 2회 발간되고 있는 하급심판결집이 있었고, 현재는 2003년 9월부터 월 1회 발간하는 각급법원 판례공보를 통하여 하급심 판결을 소개하고 있다. 그런데 하급심판결집이나 각급법원 판례공보에 실린 판결은 대법원에 상고되지 않는 것이 대부분이며, 하급심 판결 그 자체로서 의미를 가질 뿐 대법원판결의 원심판결에 해당하는 경우는 많지 않다. 그렇지만 온라인으로 제공되는 종합법률정보에서는 대법원판결의 원심과 1심을 제공하고 있어 하급심의 판단을 확인할 수 있는 경우가 많아졌다.

[3] 헌법재판소공보와 헌법재판소판례집

헌법재판소는 법률이 헌법에 위반되었는지 여부에 관한 법원의 제청과 법률이 정하는 헌법소원의 심판 및 탄핵의 심판, 정당의 해산 심판, 기관간의 권한쟁의에 대한 심판을 관장하는 기관이다. 이 가운데 법학공부에 있어서 중요한 자료가 되는 것이 법원의 제청에 의한 위헌심판과 헌법소원에 대한 심판이다. 헌법재판소가 내린 판단을 「헌법재판소 결정」이라고 부른다. 현재 헌법재판소 결정을 수록하여 발간하는 자료로는 헌법재판소판례집과 헌법재판소공보가 있고, 판례를 법조문별 및 주제별로 정리한 판례요지집도 있다. 헌법재판소공보와 헌법재판소판례집의 관계는 판례공보와 대법원판례집의 관계와 유사하다.

[그림 3-3] 헌법재판소공보

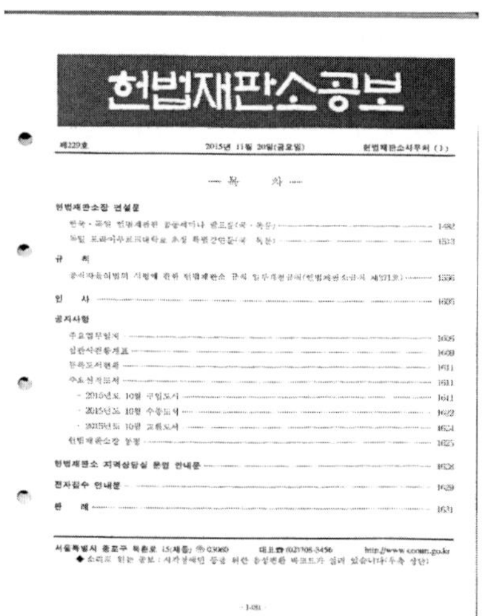

[그림 3-4] 헌법재판소판례집

제4절 판결문 읽기

이하에서는 판결을 수록한 문헌자료 또는 전자자료에서 찾은 판결문을 읽기 위하여 필요한 사항에 관하여, 법원에서 판결을 공개하는 공식문건인 판례공보에 실린 판결의 형식을 예로 들어 설명한다(판결의 구성에 대한 자세한 설명은 양창수, 민법입문(제9판), 176면 이하 참고). 대법원판례집과 하급심판결집의 경우는 판례공보의 형식과 다른 부분에 한하여 설명하기로 한다.

[1] 판례공보

[참고자료 22] 대법원 2024. 7. 18. 자 2018스724 전원합의체 결정

① 대법원 ② 2024. 7. 18. ③ 자 ④ 2018스724 ⑤ 전원합의체 ⑥ 결정
⑦ [양육비] 〈협의이혼 이후 재산분할청구를 하지 않은 상대방에 대하여 청구인이 협의이혼 시부터 약 16년이 지난 후 사건본인들에 대한 과거 양육비 등을 청구한 사건〉 ⑧ [공2024하,1778]

⑨ 【판시사항】
이혼한 부부 사이에서 어느 일방이 과거에 미성년 자녀를 양육하면서 생긴 비용의 상환을 상대방에게 청구하는 경우, 과거 양육비에 관한 권리의 소멸시효가 진행하는지 여부(적극) 및 그 기산점(=자녀가 성년이 되어 양육의무가 종료된 때)

⑩ 【결정요지】
[다수의견] 이혼한 부부 사이에서 어느 일방이 과거에 미성년 자녀를 양육하면서 생긴 비용의 상환을 상대방에게 청구하는 경우, 자녀의 복리를 위해 실현되어야 하는 과거 양육비에 관한 권리의 성질상 그 권리의 소멸시효는 자녀가 미성년이어서 양육의무가 계속되는 동안에는 진행하지 않고 자녀가 성년이 되어 양육의무가 종료된 때부터 진행한다고 보아야 한다. 상세한 이유는 다음과 같다. <상세한 이유는 생략>

[대법관 권영준의 별개의견] 양육자가 단독으로 미성년 자녀를 부양한 후 상대방에게 그 비용 상환을 구하는 과거 양육비청구권은 협의나 심판 전에도 소멸시효에 걸리는 권리에 해당한다. 그 소멸시효는 원칙적으로 양육자가 미성년 자녀 부양, 즉 양육에 따른 비용을 지출한 때부터 진행된다고 보아야 한다.

[대법관 노정희, 대법관 김상환, 대법관 노태악, 대법관 오경미, 대법관 신숙희의 반대의견] 이혼한 부부 사이에서 미성년 자녀에 대한 과거 양육비의 지급을 구할 권리는 당사자의 협의 또는 가정법원의 심판에 의하여 구체적인 청구권으로 성립하기 전에는 친족관계에 기하여 인정되는 추상적 청구권 내지 법적 지위의 성질을 가진다. 미성년 자녀에 대한 과거 양육비의 지급을 구하는 청구는 가사소송법 제2조 제1항 제2호 (나)목이 정한 마류 가사비송사건에 해당하므로, 이를 심리하는 가정법원은 자녀의 복리를 위하여 후견적 입장에서 자녀의 양육에 관한 처분의 일환으로 그 구체적인 내용과 범위를 형성한다. 따라서 가정법원의 심판에 의하여 구체적인 내용과 범위가 형성되기 전의 과거 양육비청구권은 양육의 때마다 지분적으로 발생하는 재산권의 실질을 가진다고 볼 수 없고, 그 권리의 행사를 구상권의 행사와 동일시할 수도 없다. 이러한 과거 양육비청구권의 법적 성질 등에 기초하여 이에 대하여 소멸시효가 진행할 여지가 없다고 본 종전 판례는 타당하므로 유지되어야 한다. 그리고 이러한 과거 양육비청구권의 법적 성질 등은 자녀가 성년이 되었다는 사정만으로 달라진다고 할 수 없으므로, 다수의견 중 자녀가 성년이 된 때부터는 소멸시효가 진행된다는 견해에는 찬성할 수 없다.

⑪ 【참조조문】
민법 제162조, 제166조 제1항, 제837조, 가사소송법 제2조 제1항 제2호 (나)목

⑫ 【참조판례】
대법원 2006. 7. 4. 선고 2006므751 판결(공2006하, 1525)
대법원 2011. 7. 29. 자 2008스67 결정(공2011하, 1635)(변경)
대법원 2011. 7. 29. 자 2008스113 결정(변경)
대법원 2011. 8. 16. 자 2010스85 결정(변경)
대법원 2011. 8. 25. 선고 2008므1338 판결(변경)
대법원 2011. 8. 26. 자 2011스10 결정(변경)
대법원 2011. 10. 13. 선고 2010므2068, 2075 판결(변경)

⑬【전 문】

⑭【청구인, 재항고인】 청구인 (소송대리인 법무법인(유한) 대륙아주 담당변호사 전경희 외 3인)

【상 대 방】 상대방 (소송대리인 법무법인 에이프로 담당변호사 장호진 외 3인)

【사건본인】 사건본인

⑮【원심결정】 수원지법 2018. 12. 3. 자 2018브24 결정

⑯【주 문】

재항고를 기각한다. 재항고비용은 청구인이 부담한다.

⑰【이 유】

재항고이유를 판단한다.

<판결이유는 생략>

⑱ 대법원장 조희대(재판장), 대법관 김선수, 이동원, 노정희, 김상환, 노태악, 이흥구(주심), 오경미, 오석준, 서경환, 권영준, 엄상필, 신숙희

① 대법원

대법원은 판결이 선고된 법원을 표시한 것이다. 대법원의 경우에는 사건번호 등을 통하여서도 대법원판결임을 확인할 수 있으나, 하급심의 경우에는 각급법원이 동일한 방법으로 사건번호를 붙이고 있어 판결을 선고한 법원을 표시하여야 어느 법원에서 선고된 판결인지를 확인할 수 있다. 앞서 인용한 판결문에는 판결을 선고한 재판부도 표시되어 있지만, 공보에 수록할 때는 이 부분은 생략된다.

② 2024. 7. 18.

위 날자는 결정이 고지(告知)된 날을 의미하며, 판결의 경우에는 선고한 날을 의미한다. 판결은 일정한 방식으로 이를 선고함으로써 효력이 생기게 된다는 점에서 선고일자는 판결의 효력이 발생한 날을 알 수 있는 정보가 되며, 판결을 검색함에 있어서도 중요한 의미를 가진다.

③ 자

판결의 경우에는 일자 다음에 '선고'라고 하는 용어를 쓰지만, 결정의 경우에는 '자(自)'라는 용어를 사용한다. 결정의 경우에는 당사자에게 고지됨으로써 효력을 갖지만(민사소송법 221조), 선고된 때로부터 효력을 가지는 경우도 있다. 한편 판결과 함께 사용하는 '선고'는 소송의 한 심급이 종결되었음으로 나타내는 것으로 선고된 판결은 소송당사자에게 송달됨으로써 상소 등의 소송수행을 위한 기간이 진행된다.

④ 2018스724

이를 사건번호라고 부른다. 법원이 각 사건에 대하여 사건번호를 붙이는 것은 법원재판사무처리규칙 제19조에 의하여 이루어진다. 이에 따르면 사건번호는 서기 연수의 네 자리 아라비아 숫자(1999년 이전에는 두 자리 숫자였고, 단기를 사용한 적도 있었다), 사건별 부호문자와 진행번호인 아라비아 숫자로 표시하는 것으로 되어 있다.

따라서 사건번호에는 3가지 정보가 포함되어 있는데, 첫째 당해 사건이 대법원에 상고된 해('2018' 부분), 둘째 법원재판사무 처리규칙에 따른 사건부호('스' 부분), 셋째 대법원에 상고된 순서와 전산처리의 오류방지를 위하여 부여한 숫자를 합한 진행번호('724' 부분)가 그것이다.

각급법원이 선고하는 판결에도 위 규칙에 따른 고유의 사건번호가 부여된다. 사건번호를 부여하는 방법은 위에서 살펴본 바와 같이 사건이 당해 법원에 접수된 해와 사건의 유형에 따라 정해진 사건부호, 그리고 당해 사건이 그 법원에 접수된 순서에 따라서 부여된 번호를 결합한 것이다. 따라서 판결이 선고된 법원과 사건번호를 정확하게 알면 문헌이나 전자자료를 통하여 그 판결을 쉽게 확인할 수가 있다.

[참고자료 23] 주요 사건번호의 예

법원이 재판사무처리규칙에 의하여 사건번호를 붙이는 방법은 다음과 같다. 이러한 사건번호를 통하여 사건 유형을 쉽게 파악할 수 있다(재판사무처리규칙에 의하여 붙이는 사건번호 전체는 [부록 2] 참고). ▷ 민사사건 : 가단 - 민사 제1심 단독사건, 가합 - 민사 제1심 합의사건, 가소 - 민사소액사건, 나 - 민사항소사건, 다 - 민사상고사건 ▷ 가사사건 : 드 - 가사 제1심 소송사건, 르 - 가사항소사건, 므 - 가사상고사건 ▷ 형사사건 : 고단 - 형사 제1심 단독공판사건, 고합 - 형사 제1심 합의공판사건, 노 - 형사항소 공판사건, 도 - 형사상고 공판사건 ▷ 행정사건 : 구단 - 행정 제1심재정단독사건, 구합 - 행정 제1심사건, 누 - 행정항소사건, 두 - 행정상고사건

⑤ 전원합의체

명령이 헌법이나 법률에 위반되는 경우나 종전의 판례를 변경하는 경우에는 대법관 전원의 2/3 이상이 모여서 판결을 하게 되는데, 이러한 재판부를 전원합의체라고 한다. 전원합의체의 경우에는 대법원장이 재판장이 된다. 그렇지만 대부분의 경우에는 4인의 대법관으로 구성된 부(部)에서 재판을 하며, 이 경우에는 4인의 대법관 중 1인이 재판장이 된다. 하급심의 경우에는 부를 구성하거나 단독판사가 재판을 하게 되는데, 대법원이 부를 구성하여 판결을 한 경우나 하급심 판결의 경우, 판결문에는 부를 표시하지만 공보에 게재할 때에는 부(部)를 표시하지 않는다.

⑥ 결정

위에서 말하는 결정은 비송사건에 대한 판단이나 법원공무원의 처분에 불복하여 법원이 내린 결론을 말한다(결정에는 이러한 경우 외에도 가처분결정 등 법원에 대한 신청에 대하여 이루어지는 다양한 결정들이 있다). 이러한 결정이 있게 되면 결정이 있는 날부터 효력을 갖는다. 그러지만 판결의 경우에는 당사자에게 송달이 되어야 하고, 그 때부터 일정한 기간 동안 상소의 제기 등 당사자의 불복이 없으면 그대로 확정된다.

⑦ [양육비]

이러한 것을 사건명이라고 부른다. 원고가 소장을 제출하면서 그 소장의 주장내용을 하나의 문장으로 표현한 청구취지를 소장에 기재하게 되는데, 이를 기초로 하여 법원공무원이 각 사건에 붙인 것이 그 사건의 사건명이 된다. 소장을 제출하면서 어떤 사건에 대한 사건명을 정하게 되면 그 소송이 종결될 때까지 계속해서 동일한 사건명을 사용하게 된다. 따라서 사건명은 같은 유형의 사건을 검색하는데 이용될 수 있다(예를 들어 의료사건은 손해배상(의)라는 사건명을 가진 경우가 많다).

⑧ [공2024하,1778]

이것은 판결이 수록된 자료를 표시하는 것이며, 대법원판례집의 경우에는 '집'이라는 약어를 사용하고 권·호와 판결의 분류 및 면수를 기재하지만, 법원공보나 판례공보의 경우에는 '공'이라는 약어를 사용하고 공보의 발간연도와 면수를 기재한다. 참고로 공보의 면수는 1월 1일에 발간된 공보부터 연속하여 면수를 기재한다. 다만 공보를 책으로 묶는 경우에는 상권과 하권으로 분리하고 있어 '2024하'는 2024년에 발간된 공보의 하권을 의미한다.

⑨ 【판시사항】

판시사항은 판례공보와 대법원판례집을 간행하는 법원도서관에서 당해 판결에서의 쟁점을 정리한 것이다. 따라서 판시사항을 통하여 당해 판결에서의 쟁점이 무엇인지를 손쉽게 파악할 수 있다. 판시사항의 내용을 통하여 판결의 결론을 알 수 없는 것도 많이 있지만, 판시사항의 끝부분에는 판결의 결론을 표시한 것도 있는데, 예를 들어 판시사항이 '여부'로 끝나는 판결에서 괄호안에 기재된 '적극'이라는 말은 판결이유에서 판시사항의 내용을 인정하였다는 의미이며, '소극'이라는 말은 판시사항의 내용을 인정하지 않았다는 의미를 가진다. 한편 판시사항이 '사례'로 끝나는 경우는 동일한 판결요지를 가진 다른 판결과 비교할 때 사안을 참고할 필요가 있음을 표현한 것이다.

[참고자료 24] 판시사항의 예

☞ 대법원 2002. 6. 28. 선고 2001다49814 판결 - [1] 대리행위의 표시를 하지 아니하고 본인인 것처럼 기망하여 본인 명의로 직접 법률행위를 한 경우, 민법 제126조의 표현대리의 성립 여부(소극) / [2] 처가 제3자를 남편으로 가장시켜 관련 서류를 위조하여 남편 소유의 부동산을 담보로 금원을 대출받은 경우, 남편에 대한 민법 제126조 소정의 표현대리책임을 부정한 사례

⑩ 【결정요지】

'결정요지' 또는 '판결요지'는 법원도서관에서 판례공보에 실린 판결의 이유 중에서 판시사항에 해당하는 법적 쟁점에 관한 법원의 판시 내용을 정리해 둔 것이다. 대부분의 경우 판결요지에는 그 판결에서 판시한 일반적인 법리가 정리되어 있다. 그렇지만 판결요지의 끝이 사례로 되어 있는 경우는 판시사항의 내용과 동일하거나 조금 더 상세한 내용의 사실관계에 따른 결론이 정리되어 있다(위에서 인용한 예는 결정이므로 【결정요지】라고 표시되어 있다).

일반적인 경우에는 판시사항에 대응하여 하나의 판결요지가 있지만, 전원합의체 판결의 경우에는 하나의 판시사항에 대하여 여러 개의 판결요지가 있는 경우도 있다. 이는 대법원에서 전원합의체를 구성하여 판결을 하는 경우에 대법관 전원의 의견이 일치하는 경우도 있지만, 대법관 사이에 의견이 다른 경우도 있기 때문이다. 이 가운데 대법관의 다수가 따르고 있는 의견을 '다수의견'이라고 하며 대법원의 공식적인 의견이 된다. 그렇지만 전원합의체 판결에 있어서는 다수의견과 반대되는 '소수의견' 또는 '반대의견'과 다수의견과 결론을 같이 하지만 다른 법리를 주장하는 '별개의견' 및 다수의견 또는 반대의견의 법리를 보충하는 '보충의견' 등이 있을 수 있으며, 이러한 경우에는 해당되는 판시사항에 대응하는 판결요지에서 각각의 의견들이 주장하는 바를 정리하여 둔다.

⑪ 【참조조문】

참조조문은 당해 판결을 함에 있어서 근거가 된 조문인 경우도 있지만, 판결의 근거조문을 명확하게 지시할 수 없는 경우에는 판결을 이해하기 위하여 참고할 수 있는 법조문을 말한다. 시중에 판매되고 있는 판례법전은 참조조문을 이용하여 판결을 정리한 것이라고 할 수 있다.

⑫ 【참조판례】

참조판례는 당해 판결과 같은 취지의 판결을 말한다. 대부분의 경우 참조판례로 제시되는 것은 동일한 사안에 관하여 같은 취지의 판결을 한 경우들이다. 다만 전원합의체 판결의 경우에는 그 판결에 의하여 폐기되었거나 변경된 판례도 참조판례에 포함시키고 있다. 참조조문은 반드시 표시되어 있지만, 참조판례는 없을 수도 있다.

⑬ 【전 문】

전문은 이하의 내용이 판결문의 내용에 해당한다는 의미이다.

⑭ 【소송당사자】

ⅰ. 원고와 피고(청구인과 상대방)

'원고'는 소송을 제기한 자를 말하고, '피고'는 소송을 제기당한 자를 말한다. 함께 부를 때는 '소송당사자'라고 한다. 민사소송의 경우에는 개인 또는 법인이 원고와 피고가 되지만, 형사소송의 경우에는 검사가 원고가 되고 검사로부터 기소를 당한 사람이 피고인이 된다(자세한 것은 민사소송법 및 형사소송법 교과서 참고).

한편 결정은 당사자가 법원에 청구하는 사항에 대하여 판단한 것이므로 원고 대신 청구인이 있게 된다. 그리고 그 청구가 대심적(對審的) 구조를 가진 경우에는 '상대방'이 있으며, 그렇지 않은 경우에는 상대방이 존재하지 않는다. 그리고 가사사건의 경우에는 어떤 청구에 의하여 영향을 받는 사람을 '사건본인'이라고 하는데, 예를 들어 이혼을 하면서 자녀의 친권을 누가 가질 것인가도 판단하는 경우에는 친권의 대상이 되는 자녀를 사건본인이라고 한다.

ⅱ. 상고인과 피상고인

상고인은 상고를 제기한 자를 말하는데, 원심에서 패소한 자만이 상고를 할 수 있다. 이에 대하여 상고를 제기당한 자가 피상고인이다. 원심에 대하여 당사자 모두 불만이 있다면 상고할 수 있고, 그 경우에는 두 당사자는 '상고인 겸 피상고인'과 '피상고인 겸 상고인'이 된다. 한편 결정의 경우에는 청구인이 소를 제기하는데, 이 경우에는 대법원에 재항고를 하기 때문에 재항고인이라고 부른다.

[참고] 항소와 상고(항고와 재항고)

1심법원의 판결에 불복하여 2심법원에 소를 제기하거나, 2심법원의 판결에 불복하여 대법원에 소를 제기하는 경우를 총칭하여 '상소'라고 하는데, 이 가운데 1심법원의 판결에 불복하여 2심법원에 소를 제기하는 경우를 '항소'라고 하고, 2심법원의 판결에 불복하여 대법원에 소를 제기하는 경우를 '상고'라고 한다. 그렇지만 1심법원의 결정이나 명령에 불복하여 2심법원에 소를 제기하는 것은 '항고'라고 하며, 대법원에 다시 항고를 제기하는 것은 '재항고'라고 한다.

⑮ 【원심판결】

원심판결은 상소의 대상이 된 판결이며, 대법원판결의 경우에는 2심법원에서 선고한 판결이 원심판결이 된다. 이 경우 원심은 문제된 판결을 선고하는 법원의 직전 심급(直前 審級)의 법원(法院)을 말한다. 따라서 대법원의 경우에는 고등법원과 지방법원의 합의부가 원심이 되며, 고등법원의 경우에는 지방법원의 합의부가, 지방법원 항소부에서 내린 판결의 경우에는 그 법원이나 지원의 단독재판부가 원심이 된다(3심제 체계도 참고).

⑯ 【주문】

주문(主文)은 판결의 결론에 해당한다. 대법원이 내리는 판결의 결론은 크게 2가지로 나눌 수 있는데, 하나는 상고를 기각하는 것이고, 다른 하나는 상고를 인용하는 것 다시 말하면 원심판결을 파기하는 것인데, 이에는 다시 파기하여 원심법원으로 환송하는 경우와 원심판결을 파기한 후 대법원 스스로 판결을 하는 경우가 있다. 전자를 '파기환송'이라고 하며, 후자를 '파기자판'이라고 한다.

이에 비하여 하급심 판결의 주문은 원고가 소장에서 청구취지로 작성한 내용을 인용하는 경우와 배척하는 경우가 있어, 대법원 판결의 주문에 비하여 그 내용이 훨씬 다양하다.

⑰ 이유

판결의 이유기재에는 주문이 정당함을 인정할 수 있는 한도에서 당사자의 주장과 기타 공격 또는 방어방법의 전부에 관하여 판단을 표시하도록 규정되어 있다(민사소송법 제193조 제2항). 통상 대법원의 판결이유에는 사실관계와 원심법원의 판결 및 대법원의 판단이 포함되어 있다. 따라서 이유를 꼼꼼하게 살펴보면 어떤 사안에 대하여 재판부가 어떻게 판단하였는지를 구체적으로 확인할 수 있다.

⑱ 선고일자와 판결에 관여한 법관의 기재

원본인 판결문의 마지막에는 판결의 선고일자와 판결에 참여한 법관의 서명이 있다(하급심의 경우에는 판결문의 첫머리에 변론종결일도 기재한다). 고등법원 이하의 법원의 경우에는 재판에 관여한 법관 가운데 그 재판부를 담당하는 법관을 부장판사라고 하며, 재판장이 되고 2명의 배석판사들과 함께 재판을 한다(그렇지만 같은 직급의 3명의 판사가 재판부를 구성하는 대등재판부도 있다). 이와는 달리 대법원의 경우에는 대법관들의 지위가 동일하기 때문에 서로 돌아가면서 재판장을 하며, 다만 전원합의체 판결의 경우에는 대법원장이 재판장이 된다. 그리고 대법원의 경우 그 사건을 담당한 대법관을 주심 대법관이라고 한다(하급심의 경우에도 주심이 있다).

[2] 대법원판례집

대법원판례집을 통하여 판결을 찾을 경우에 판례공보와 다른 부분에 관하여서만 설명한다.

① 1심판결의 사건번호

판례공보에 실리는 대법원판결에는 원심의 사건번호만 기록되어 있지만, 대법원판례집에 수록된 판결에는 제1심판결의 사건번호도 기록되어 있다. 1심판결은 그 사건에 관한 최초의 판결로서 사실관계와 당사자의 주장이 자세히 기록되어 있다는 점에서 참고할 필요가 있지만, 많은 경우에 대법원판결에도 원심판결의 사실관계를 인용하는 방법에 의하여 개략적인 사실관계를 인용하므로 시험공부를 위해서는 반드시 1심을 확인해야 할 필요는 없다.

② 참조조문의 내용

판례공보의 경우에는 참조조문의 내용이 없이 단지 조문번호만 인용하고 있지만 대법원판례집에는 조문의 내용까지 인용되어 있다.

③ 원심판결과 1심판결

대법원판례집에서는 대법원판결 다음에 원심판결을 수록하고 있다. 다만 원심판결이 민사소송법 제420조에 따라 1심판결을 인용한 경우에는 원심판결의 내용만으로는 사실관계를 파악할 수 없기 때문에 1심판결도 함께 수록한다. 따라서 사실관계 등을 파악하기 위하여 원심판결을 찾고자 하는 경우에는 그 대법원판결이 대법원판례집에 수록되어 있는지를 확인하는 것도 하나의 방법이 될 수 있다.

[3] 헌법재판소 공보

헌법재판소는 헌법재판소판례집, 헌법재판소공보, 헌법재판소판례요지집을 통하여 결정을 공개하고 있으며, 영문판례집을 이용하여 외국연구자들에게 중요한 헌법재판소 결정의 내용을 제공하고 있다. 이하에서는 헌법재판소 공보에 실린 결정을 가지고 판례공보에 실린 대법원판결과 비교하면서 살펴보기로 한다. 대법원의 경우에는 법원공보와 판례공보를 분리해서 발간하고 있지만, 헌법재판소는 행정적인 내용과 판례를 함께 수록하여 헌법재판소공보라는 이름으로 발간한다.

헌법재판소는 헌법재판소법 제2조에서 규정하는 바에 따라 ① 법원의 제청(提請)에 의한 법률의 위헌(違憲) 여부 심판, ② 탄핵(彈劾)의 심판, ③ 정당의 해산심판, ④ 국가기관 상호간, 국가기관과 지방자치단체 간 및 지방자치단체 상호간의 권한쟁의(權限爭議)에 관한 심판, ⑤ 헌법소원(憲法訴願)에 관한 심판을 관장한다. 따라서 헌법재판소가 담당하는 본안사건은 ① 위헌법률심판사건, ② 탄핵심판사건, ③ 정당해산심판사건, ④ 권한쟁의심판사건, ⑤ 법 제68조 제1항에 따른 헌법소원심판사건, ⑥ 법 제68조 제2항에 따른 헌법소원심판사건으로 분류된다(헌법재판소 사건의 접수에 관한 규칙 제3조 제2항). 법원과 마찬가지로 사건이 접수되면 규칙 제8조에 따라 연도와 사건부호 및 진행번호를 부여한다. 헌법재판소가 담당하는 사건 중에는 법 제68조 제1항에 따른 헌법소원심판사건이 가장 많고, 법 제2항에 따른 헌법소원심판사건이 두 번째로 많은데, 이하에서는 가장 많은 사건유형인 법 제1항에 따른 헌법소원심판사건을 참고자료로 인용한다.

[참고자료 25] 헌법재판소 2024. 6. 27. 선고 2021헌마1588 전원재판부 결정

【판시사항】
상속개시 후 인지 또는 재판확정에 의하여 공동상속인이 된 자가 다른 공동상속인에 대해 그 상속분에 상당한 가액의 지급에 관한 청구권(상속분가액지급청구권)을 행사하는 경우에도 상속회복청구권에 관한 10년의 제척기간을 적용하도록 한 민법 제999조 제2항의 '상속권의 침해행위가 있은 날부터 10년' 중 제1014조에 관한 부분(이하 '심판대상조항'이라 한다)이 청구인의 재산권과 재판청구권을 침해하는지 여부(적극)

【결정요지】
'침해행위가 있은 날'부터 10년 후에 인지 또는 재판의 확정이 이루어진 경우에도 추가된 공동상속인이 상속분가액지급청구권을 원천적으로 행사할 수 없도록 하는 것은, '가액반환의 방식'이라는 우회적 · 절충적 형태를 통해서라도 인지된 자의 상속권을 뒤늦게나마 보상해 주겠다는 상속분가액지급청구권의 입법취지에 반하며, 추가된 공동상속인의 권리구제 실효성을 완전히 박탈하는 결과를 초래한다. 기존 공동상속인이 상속재산의 유지 · 증가에 특별히 기여하였다면 그 기여분은 상속재산에서 공제되므로 이를 통해 기존 공동상속인과 추가된 공동상속인의 이해관계가 조정될 수 있는 점, 민법은 인지청구의 소를 '망인의 사망을 안 날로부터 2년'으로 제한하고 상속분가액지급청구권의 행사도 '상속권의 침해를 안 날부터 3년'으로 제한하므로 인지재판을 바탕으로 한 상속분가액지급청구권의 행사가 무한정 늦춰지지 않도록 이중으로 제한하고 있는 점 등도 함께 고려할 필요성이 있다. 심판대상조항은 입법형성의 한계를 일탈하여 청구인의 재산권과 재판청구권을 침해한다.
재판관 이종석, 재판관 이영진의 반대의견

새로운 공동상속인의 이익과 법적 안정성에 관한 이익을 어떻게 조화시킬 것인가의 문제는 입법자의 형성재량에 맡길 수밖에 없다. 상속분가액지급청구권 행사의 상대방인 다른 공동상속인은 진정한 상속인으로서 그 법적 안정성과 신뢰를 보호할 필요성은 큰 반면, 침해행위가 있은 날부터 10년이 경과된 후 인지 또는 판결확정으로 공동상속인이 추가되는 것은 예상하기 어렵고 매우 이례적이다. 침해행위가 있은 날부터 10년 후에도 상속분가액지급청구권이 행사될 수 있다면, 상속을 둘러싼 법률관계는 조기에 확정되지 못하고 기존 공동상속인으로서는 이미 분할 또는 처분이 이루어진 상태에서 예상치 못한 금전적 손실을 받게 된다. 심판대상조항의 제척기간에는 합리적 이유가 있으므로 청구인의 재산권과 재판청구권을 침해하지 아니한다.

【심판대상조문】

민법(2002. 1. 14. 법률 제6591호로 개정된 것) 제999조 제2항의 '상속권의 침해행위가 있은 날부터 10년' 중 민법 제1014조에 관한 부분

【참조조문】

헌법 제23조 제1항, 제27조 제1항

민법(1958. 2. 22. 법률 제471호로 제정된 것) 제860조, 제863조, 제1014조

민법(1990. 1. 13. 법률 제4199호로 개정된 것) 제999조 제1항

【참조판례】

헌재 2001. 7. 19. 99헌바9등, 판례집 13-2, 1, 8

헌재 2010. 7. 29. 2005헌바89, 판례집 22-2, 212, 219-220, 222-223, 231-232

헌재 2018. 8. 30. 2014헌바148등, 판례집 30-2, 237, 246

헌재 2018. 8. 30. 2014헌바180등, 판례집 30-2, 259, 271

대법원 1981. 2. 10. 선고 79다2052 판결

서울중앙지방법원 2005. 9. 30. 선고 2005가합36293 판결

서울고등법원 2006. 9. 7. 선고 2005나89423 판결

대법원 2007. 1. 12.자 2006다65927 판결

대법원 2007. 7. 26. 선고 2006므2757, 2764 판결

【당 사 자】

청 구 인 김○○

대리인 변호사 주현덕

【주 문】

민법(2002. 1. 14. 법률 제6591호로 개정된 것) 제999조 제2항의 '상속권의 침해행위가

있은 날부터 10년' 중 민법 제1014조에 관한 부분은 헌법에 위반된다.

【이 유】

1. 사건개요

가. 이○○(母)는 1969. 11. 7. 청구인(女)을 출산하였다. 이○○는 1984. 9. 1. 김□□와 혼인하였고, 김□□(表見父)는 1984. 9. 17. 청구인을 인지하였다.

나. 청구인은 2019. 2.경 이○○로부터 망 김△△(1998. 1. 20. 사망)가 생부(生父)라는 이야기를 듣고, 2020. 8. 9. 김□□를 상대로 친생자관계부존재확인의 소를 제기하고, 2020. 9. 22. 서울중앙지방검찰청 검사를 상대로 망 김△△의 친생자로서 인지를 구하는 소를 제기하였다.

다. 수원가정법원 여주지원은 2021. 10. 22. 김□□의 1984. 9. 17.자 인지가 무효임을 확인하여, 2021. 11. 16. 그 판결이 확정되었다(2021드단11582). 서울가정법원은 2021. 12. 3. 청구인이 망 김△△의 친생자임을 인지하여, 2021. 12. 21. 그 판결이 확정되었다(2020드단136149).

라. 청구인은, 민법 제1014조에 민법 제999조 제2항 중 '상속권의 침해행위가 있은 날부터 10년' 부분을 적용하는 것 및 민법 제999조 제2항 중 '상속권의 침해행위가 있은 날로부터 10년' 부분으로 인하여 다른 공동상속인에 대해 상속분에 상당한 가액의 지급을 청구할 수 없게 되어 기본권이 침해된다고 주장하면서, 2021. 12. 27. 이 사건 헌법소원심판을 청구하였다.

2. 심판대상

청구인은 상속개시 후 인지에 의하여 공동상속인이 된 자가 다른 공동상속인에 대해 그 상속분에 상당한 가액의 지급에 관한 청구권(이하 '상속분가액지급청구권'이라 한다)을 행사할 경우에도 상속회복청구권에 관한 10년의 제척기간을 적용하는 부분의 위헌성을 다투고 있으므로, 심판대상을 해당 부분으로 한정함이 상당하다.

따라서 이 사건 심판대상은 민법(2002. 1. 14. 법률 제6591호로 개정된 것) 제999조 제2항의 '상속권의 침해행위가 있은 날부터 10년' 중 민법 제1014조에 관한 부분(이하 '심판대상조항'이라 한다)이 청구인의 기본권을 침해하는지 여부이다. 심판대상조항 및 관련 조항은 다음과 같다.

[심판대상조항]

민법(2002. 1. 14. 법률 제6591호로 개정된 것)

제999조(상속회복청구권) ② 제1항의 상속회복청구권은 그 침해를 안 날부터 3년, 상속권의 침해행위가 있은 날부터 10년을 경과하면 소멸된다.

[관련조항]
민법(1958. 2. 22. 법률 제471호로 제정된 것)
제860조(인지의 소급효) 인지는 그 자의 출생시에 소급하여 효력이 생긴다. 그러나 제삼자의 취득한 권리를 해하지 못한다.
제863조(인지청구의 소) 자와 그 직계비속 또는 그 법정대리인은 부 또는 모를 상대로 하여 인지청구의 소를 제기할 수 있다.
제1014조(분할후의 피인지자 등의 청구권) 상속개시후의 인지 또는 재판의 확정에 의하여 공동상속인이 된 자가 상속재산의 분할을 청구할 경우에 다른 공동상속인이 이미 분할 기타 처분을 한 때에는 그 상속분에 상당한 가액의 지급을 청구할 권리가 있다.
민법(1990. 1. 13. 법률 제4199호로 개정된 것)
제999조(상속회복청구권) ① 상속권이 참칭상속권자로 인하여 침해된 때에는 상속권자 또는 그 법정대리인은 상속회복의 소를 제기할 수 있다.
민법(2005. 3. 31. 법률 제7427호로 개정된 것)
제864조(부모의 사망과 인지청구의 소) 제862조 및 제863조의 경우에 부 또는 모가 사망한 때에는 그 사망을 안 날로부터 2년 내에 검사를 상대로 하여 인지에 대한 이의 또는 인지청구의 소를 제기할 수 있다.
3. 청구인의 주장
망 김△△는 1998년 사망하였고, 청구인은 그로부터 10년이 경과한 2021년 망 김△△가 청구인의 부(父)라는 인지판결을 받았다. 이와 같이 망 김△△의 사망 후 10년의 경과에 대해 청구인에게 책임을 물을 사유도 없는 상황에서 청구인에게 상속회복의 기회를 주지 않도록 규정한 심판대상조항은, 상속회복의 권리를 원천적으로 봉쇄하는 것으로서 청구인의 재산권 및 재판청구권을 침해하며, 다른 상속인들에 비하여 청구인을 합리적 이유 없이 차별취급하는 것으로서 청구인의 평등권을 침해한다.
4. 판단(이하 생략)

위에 인용한 헌법재판소 결정의 양식을 판례공보에 실려있는 대법원판결과 비교하면 다음과 같은 차이점을 발견할 수 있다.

① 사건에 대한 기록

인용된 결정문에서 볼 수 있는 바와 같이 헌재결정문의 경우에는 사건명이 앞에 제시된다. 그리고 법원표시에는 헌법재판소가 기재되고, 사건번호에서 헌법재판소가 담당하는 사건에 대한 부호표시가 기재된다.

② 당사자

헌법재판소 결정에 있어서 당사자는 제청법원 또는 청구인이며, 제청법원은 현재 위헌제청된 조문과 관련된 사건을 심판하고 있는 법원이고, 청구인은 헌법소원심판을 청구한 개인 또는 법인을 말한다. 헌법재판소의 결정은 민사소송이나 형사소송과는 달리 원고와 피고가 서로 대립하는 구조는 아니며, 당사자의 청구에 대하여 그 내용이 헌법에 위반되는지 여부를 판단하기 때문에 대립구조를 가질 필요도 없다. 다만 소송의 진행을 위하여 당사자 이외에 다른 사람이나 기관의 의견을 청취할 필요가 있는 경우에는 그들로 하여금 의견서를 제출하도록 요구할 수는 있다.

③ 추가된 사항

대법원판결에는 없는 사항으로는 다음과 같은 것이 있다.

ⅰ. 심판대상조문

심판대상조문은 그 조문을 참조조문으로 하여 재판을 진행하는 법원이 그 조항이 헌법에 위반된다는 이유로 위헌제청을 한 조문 또는 헌법소원을 신청한 사람이 법원이 선고한 판결의 근거가 되는 조문이 헌법에 위반된다고 한 조문을 말한다. 헌법재판소는 그 조문이 헌법에 위반되는지 여부를 결정하게 된다.

ⅱ. 당해 사건

당해 사건은 위헌심판의 대상이 되는 조문을 참조조문으로 하여 판결해야 하는, 위헌제청을 한 법원이 재판을 진행 중인 사건을 말한다. 법원이 위헌제청을 한 경우에는 당해 사건에 대한 재판절차가 중단된다. 헌법소원심판의 경우에는 판단의 전제가 된 사건이 있지만, 이 사건은 이미 종결된 사건이므로 사실관계만 소개할 뿐이다.

iii. 별지

별지는 헌법재판소가 위헌심판을 함에 있어서 관계기관으로부터 받은 의견서를 첨부한 것이다. 관계기관이 제출한 의견서가 헌법재판소의 결정에 직접적인 영향을 미치지 못한다는 점은 법원의 판결의 경우와 같으나, 헌법재판소 결정의 경우에는 당사자뿐만 아니라 다른 사람에게도 결정이 영향을 미치게 되므로 의견서가 보다 중요한 의미를 갖는다는 점에서 관계기관의 의견을 결정문의 말미에 싣고 있다.

[4] 판결읽기에서 유의할 점

위에서 살펴본 바와 같이 판례공보나 대법원판결, 하급심판결집 및 헌법재판소판례집에서는 판결이나 결정의 판시사항과 판결요지를 정리해 두고 있다. 이는 판결을 검색하여 판결이나 결정의 주요 쟁점만을 빠른 시간 내에 확인할 수 있도록 하기 위한 것이다. 그러나 판결이란 구체적인 사건에 대한 법원의 판단이므로 그 판결을 정확하게 이해하기 위해서는 판결에서 문제된 사실관계가 어떠한 것인지를 확인할 필요가 있다. 따라서 판결을 읽는 경우에는 판시사항과 판결요지만을 읽는 것으로 그쳐서는 안되며, 가급적 판결의 이유 부분을 읽음으로써 그 사건에서 문제된 사실관계와 법원의 판단을 함께 정리해 볼 필요가 있다.

제5절 판결의 인용

논문 등에서 판결문을 인용하는 방법은 필자에 따라서 조금씩 다르다. 그렇지만 반드시 인용될 필요가 있는 사항을 빠뜨려서는 곤란하기 때문에 판결을 인용하는 방법에 대하여 법원의 판결문 인용방법과 학자들의 인용방법을 비교하면서 간단히 설명한다.

[1] 판결문의 정식인용

아래의 인용방법은 법원에서 취하고 있는 방법이다. 판결에 대한 정보를 모두 제공한다는 점에서는 장점이 있지만, 글자의 수가 많다는 단점이 있다.

· 판결의 경우 : 대법원∨2024.∨7.∨11.∨선고∨2023다314022∨판결

· 결정의 경우 : 대법원∨2024.∨7.∨11.자∨2024그613∨결정

· 전원합의체 판결의 경우 : 대법원∨2024.∨7.∨18.∨선고∨2023두36800∨전원합의체∨판결

[2] 약식인용

약식인용의 경우는 필자에 따라 조금씩 다르다. 다만 판결의 동일성을 확인하는데 필요한 정보인 법원의 표시·선고일자·사건번호는 반드시 표시되어야 할 것으로 생각된다.

· 대판∨2024.∨7.∨11,∨2023다314022 또는 대판∨2024.∨7.∨11, [2023다314022]

· 대결∨2024.∨7.∨11,∨2024그613 또는 대결∨2024.∨7.∨11, [2024그613]

· 대판(全)∨2024.∨7.∨18, 2023두36800 또는 대판(全)∨2024.∨7.∨18, [2023두36800]

그 밖에 '대판 2023다314022'와 같이 법원과 판단의 종류 및 사건번호를 기재하거나 사건번호만 기재하는 경우도 찾아볼 수 있다. 대법원 사건의 경우에는 사건부호를 통하여 대법원에서 선고한 것이라는 점을 확인할 수 있으므로 사건번호를 이용하여 종합법률정보 등을 검색할 수 있기 때문이다.

[3] 다수의 판결 인용

여러 개의 판결은 쉼표(,) 또는 세미콜론(;)으로 분리하여 표시할 수 있다. 예를 들어 법원에서 발간하는 판례공보에서는 쉼표(,)를 이용하여 판결을 분리하고 있다.

예 : 대법원 2017. 4. 7. 선고 2013다80627 판결, 대법원 2020. 2. 27. 선고 2019다281408 판결 참조

[4] 사건번호가 2개 이상인 경우

일반적으로 하나의 소송에는 하나의 사건번호가 있는 것이 원칙이지만 원고가 제기한 소에 대하여 피고가 반소를 제기한 경우나 다수의 원고가 동일한 사안에 대하여 각자 소를 제기한 후 이를 병합하여 판결하는 경우에는 두 개 또는 여러 개의 사건을 함께 재판하게 되며, 그 결과 하나의 판결에 2개 이상의 사건번호가 기재되게 된다. 하나의 판결에 사건번호가 2개 이상 기재되는 경우에는 "2023다241964(본소), 2023다241971(반소)"와 같이 사건번호를 나열하는데, 이 경우 '본소'와 '반소'를 생략하기도 하고, 뒤쪽에 있는 사건번호의 '2023다' 부분을 생략하기도 한다.

[5] 판결이 수록된 문헌의 기재

판결을 인용하는 경우에는 그 판결이 수록되어 있는 문헌도 함께 적어주는 것이 일반적이다. 판례를 인용하기 위하여 주로 이용하는 판례공보의 경우에는 '공'이라는 단어와 함께 발간된 연도와 면수를 기재하며, 판례집의 경우에는 '집'이라는 단어와 함께 권수 및 면수를 기재한다. 참고로 매월 2회 발간되는 판례공보의 경우에는 1년 단위로 면수를 붙이고 있다.

[6] 헌법재판소결정의 인용

헌법재판소결정도 대법원판결의 경우와 마찬가지로 선고일자, 사건번호의 순으로 인용한다.

· 헌재 2024. 8. 29. 2020헌바602등, 공보 335, 1354

· 헌재 2024. 6. 27. 2021헌마1588, 판례집 36-1하, 448

사건번호 뒤에 있는 "공보 335, 1354"나 "판례집 36-1하, 448"는 출처를 표시한 것인데, "공보 335, 1354"는 헌법재판소 공보 제335호 1354쪽을 의미하고, "판례집 36-1하, 448"은 헌법재판소판례집 제36권1집 448쪽을 의미한다. 그리고 개별적인 결정문이 아닌 검색결과를 보면 '2020헌바602등' 사건의 경우 [공보 335호 1354~ 1364]로 표시된 것을 볼 수 있는데, 이는 결정이 수록된 자료의 면수를 모두 표시한 것이다.

제6절 판결찾기

[1] 판결집에서 찾기

대법원 판결을 찾기 위하여 이용할 수 있는 문헌으로는 판례공보와 대법원 판례집이 있다.

[그림 3-5] 판례공보

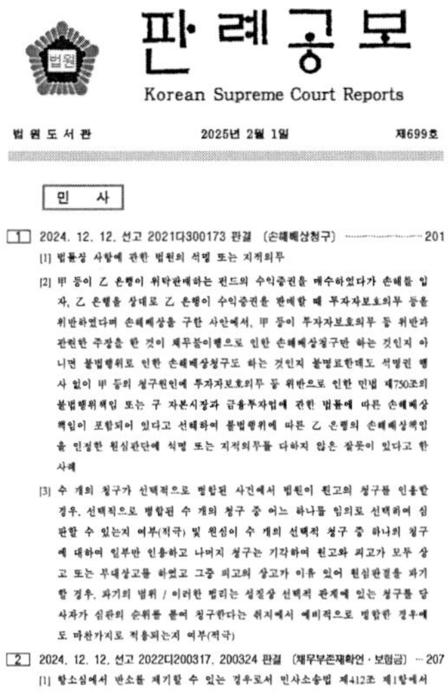

판 례 공 보
Korean Supreme Court Reports

법 원 도 서 관　　2025년 2월 1일　　제699호

민　사

1 2024. 12. 12. 선고 2021다300173 판결 (손해배상청구) ········ 201
[1] 법률상 사항에 관한 법원의 석명 또는 지적의무
[2] 甲 등이 乙 은행이 위탁판매하는 펀드의 수익증권을 매수하였다가 손해를 입자, 乙 은행을 상대로 乙 은행이 수익증권을 판매할 때 투자자보호의무 등을 위반하였다며 손해배상을 구한 사안에서, 甲 등이 투자자보호의무 등 위반과 관련한 주장을 한 것이 채무불이행으로 인한 손해배상청구만 하는 것인지 아니면 불법행위로 인한 손해배상청구도 하는 것인지 불명료한데도 석명권 행사 없이 甲 등의 청구원인에 투자자보호의무 등 위반으로 인한 민법 제750조의 불법행위책임 또는 구 자본시장과 금융투자업에 관한 법률에 따른 손해배상책임이 포함되어 있다고 선해하여 불법행위에 따른 乙 은행의 손해배상책임을 인정한 원심판단에 석명 또는 지적의무를 다하지 않은 잘못이 있다고 한 사례
[3] 수 개의 청구가 선택적으로 병합된 사건에서 법원이 원고의 청구를 인용할 경우, 선택적으로 병합된 수 개의 청구 중 어느 하나를 임의로 선택하여 심판할 수 있는지 여부(적극) 및 원심이 수 개의 선택적 청구 중 하나의 청구에 대하여 일부만 인용하고 나머지 청구는 기각하여 원고와 피고가 모두 상고 또는 부대상고를 하였고 그중 피고의 상고가 이유 있어 원심판결을 파기할 경우, 파기의 범위 / 이러한 법리는 성질상 선택적 관계에 있는 청구를 당사자가 심판의 순위를 붙여 청구한다는 취지에서 예비적으로 병합한 경우에도 마찬가지로 적용되는지 여부(적극)

2 2024. 12. 12. 선고 2022다200317, 200324 판결 (채무부존재확인 · 보험금) ··· 207
[1] 항소심에서 반소를 제기할 수 있는 경우로서 민사소송법 제412조 제1항에서

– i –

[그림 3-6] 대법원판례집

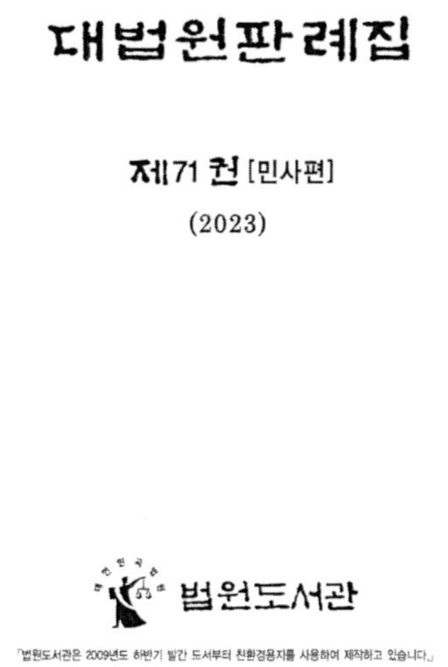

대법원판례집

제71권 [민사편]

(2023)

법원도서관

「법원도서관은 2009년도 하반기 발간 도서부터 친환경용지를 사용하여 제작하고 있습니다.」

판례공보나 대법원판례집에서는 대법원에 설치된 판례심사위원회에서 A급과 C급으로 분류된 판결을 민사, 특별, 형사로 나누어 선고일자와 사건번호의 순서로 수록하고 있다. 다만 하급심판결집의 경우에는 각 판결의 참조조문을 기준으로 조문의 순서에 따라 판결을 정리한다. 한편 판결이 판례공보에 게재되기 위해서는 대략 1개월 반 내지 2개월 정도의 시간이 걸리므로 이를 감안하여 판례공보를 확인하여야 한다. 대법원판례집은 1년에 한번 발간된다.

[2] 전자자료에서 찾기

판례를 검색하기 위하여 이용할 수 있는 기본적인 전자자료는 대법원에서 제공하는 사법정보공개포털(https://portal.scourt.go.kr)이다. 2025년 2월에 서비스를 시작한 사법정보공개포털에서는 종합법률정보뿐만 아니라 판결서의 열람 등과 정보공개 및 알림과 통계를 서비스하고 있으며, 종합법률정보에서는 종전의 종합법률정보와 마찬가지로 대법원과 하급심판결뿐만 아니라 문헌과 사법부에서 만드는 규칙, 예규, 선례도 제공하고 있고, 나아가 법제처와 연계하여 법령과 조약도 서비스하고 있다. 그리고 문헌의 경우에는 정부가 시행하는 전자도서관 사업의 일환으로 법원도서관이 소장하고 있는 문헌에 대한 서지정보와 일부 전문자료를 제공하고 있다. 그렇지만 법원이 생산하는 가장 중요한 법률자료가 판결이라는 점에서 종합법률정보에서는 판결을 검색하는 방법을 중심으로 설명한다. 그리고 종합법률정보에서 헌법재판소결정을 검색하는 것도 가능하지만 이에 관하여는 헌법재판소 홈페이지의 지능형 통합검색을 이용하여 검색할 수 있도록 하고 있으므로 이에 관하여는 따로 설명한다.

1. 사법정보공개포털

사법정보공개포털은 그 동안 대법원이 제공하는 종합법률정보 외에 판결서의 열람 및 제공과 관련된 서비스, 나의 사건검색 등 판결과 관련된 서비스를 통합적으로 제공한다는 취지에서 만들어졌다. 사법정보공개포털의 중심이라고 할 수 있는 종합법률정보 시스템은 대법원, 법원도서관, 법제처에서 운용되는 판례, 법령, 문헌 등의 자료를 통합하여 제공함으로써 법률정보를 신속하고 정확하게 검색할 수 있도록 하는 정보검색시스템이고, 1996년에 개발에 착수하여 1998년도부터 법원 내부 및 외부에 제공하여 왔다. 그리고 판결서의 열람은 2013년 형사사건을 시작으로 민사사건 등으로 확대되어 왔다. 한편 나의 사건검색은 본인이 당자자인 사건의 진행과정을 검색할 수 있도록 하는 서비스이다. 종합법률정보 이외의 서비스는 따로 운영되었으나 이번의 시스템 개편으로 하나로 통합되어 사용자의 편의성을 높였다.

[그림 3-7] 사법정보공개포털

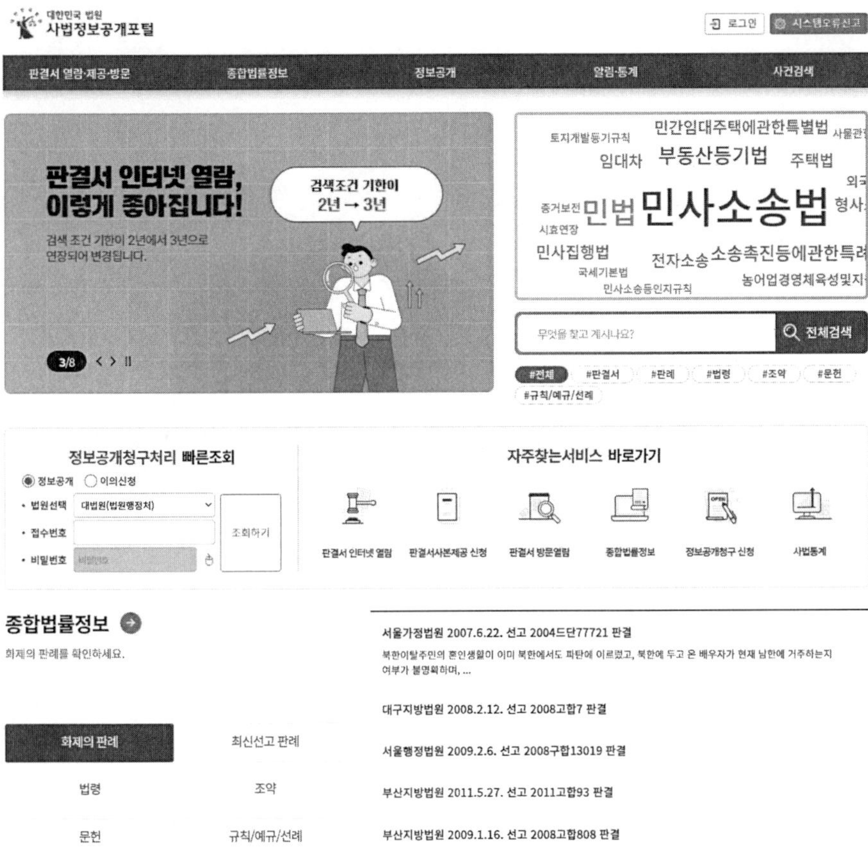

i. 판결서 열람 · 제공 · 방문

판결서 열람제도는 법원에서 운영하는 판결문검색시스템을 이용하여 종합법률정보를 통하여 공개되지 않은 판결문을 열람할 수 있도록 하는 제도이다. 방문열람을 신청할 수 있는 사람은 검사, 검찰공무원, 변호사, 법무사, 대학교수, 국가 또는 지방자치단체 공무원, 법원도서관장을 승인을 받은 언론사 소속 기자 등이다(판결문 검색 · 열람을 위한 특별창구의 설치 및 이용에 관한 내규 제3조).

[그림 3-8] 판결서 인터넷열람화면

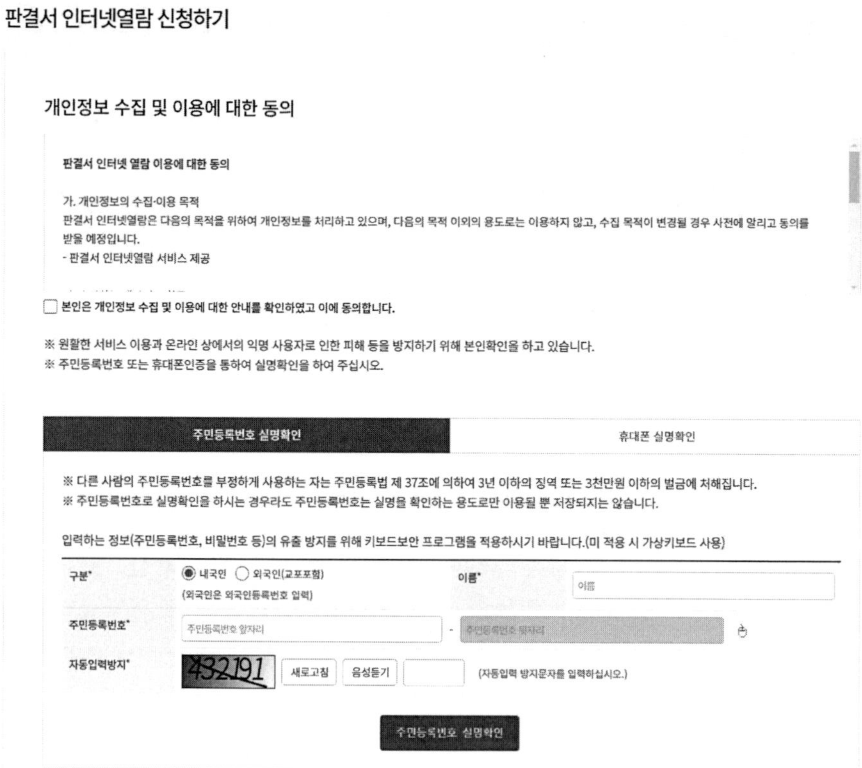

판결서의 인터넷 열람은 사용자의 실명확인을 거친 후 이용할 수 있으며, 열람하고자 하는 판결서를 검색하기 위하여 선고일자, 법원명, 검색어 등의 정보를 입력한 후 검색을 실행하면 해당 검색어가 포함된 판결의 요약정보를 볼 수 있고, 요약정보의 끝부분에 있는 [더보기] 버튼을 클릭하면 판결문의 일부를 확인할 수 있다. 그 후 해당 판결문의 열람을 희망하는 경우에는 판결서를 선택한 후 결제를 마치면 판결문을 열람할 수 있다.

[그림 3-9] 판결서 검색

[그림 3-10] 판결서 더보기

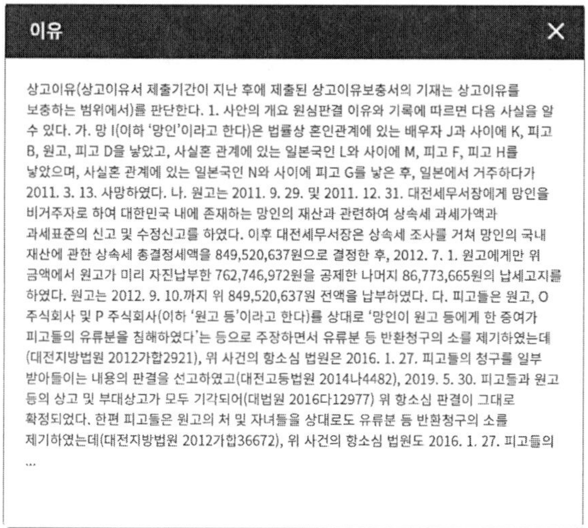

한편 판결서를 전자문서로 받기를 원하는 경우에는 판결서 사본의 제공을 요청할 수 있는데, 사본의 제공을 신청하기 위해서는 사건번호를 알아야 한다. 그리고 방문연람은 법원에 설치된 컴퓨터를 이용하여 판결서를 확인한 후 신청을 할 수 있도록 한 것인데, 컴퓨터의 모니터를 통하여 판결문의 내용을 확인할 수 있다는 점에서 가장 확실한 방법이지만, 이를 위해서는 법원에 가야 한다는 불편함이 있다.

[그림 3-11] 판결서 신청화면

ii. 나의 사건검색

나의 사건검색은 현재 진행 중이거나 과거에 진행된 사건의 기일에 관한 정보와 각종 서류의 제출에 관한 정보를 제공하는 서비스이다. 현재 사건을 진행 중인 당사자의 이름과 사건번호를 알아야 사용할 수 있으며, 이를 통하여 사건의 진행상황을 관리할 수 있다.

[그림 3-12] 나의 사건검색

iii. 종합법률정보

종합법률정보는 종전의 종합법률정보와 유사하지만 화면의 구성에 상당한 변화가 있다. 그림에서 보는 바와 같이 종합법률정보라는 버튼은 판례, 법령, 조약, 문헌 등 시스템에 담긴 모든 정보를 검색하여 그 결과를 보여준다. 이에 비하여 판례 등의 버튼은 그에 해당하는 정보를 대상으로 검색한 결과를 제공한다. 한꺼번에 모든 정보를 검색할 필요가 있는 경우에는 전체를 대상으로 검색하는 것이 편리하겠지만, 검색하는데 시간이 더 많이 걸리고, 검색결과를 항목별로 일부만 제공하므로 개인의 용도에 따라 선택하여 사용할 필요가 있다(종합법률정보의 사용방법에 관한 자세한 설명은 종합법률정보 홈페이지에 제공하고 있는 도움말을 참고하세요).

종합법률정보에서 제공하고 있는 자료 중 판결은 대법원판례집과 법원공보 및 판례공보에 실린 판결과 1948년 이후 선고된 미간행 판결 중 참고판례로서 선별된 대법원 판결과 고등법원판례집과 하급심판결집 그리고 각급법원판결공보에 실린 판결 및 간행된 대법원 판결의 원심판결과 1심판결 중 일부이며, 헌법재판소 결정도 제공한다. 법령의 경우는 법률과 시행령, 시행규칙이 실려 있고, 대법원이 제정한 규칙, 예규 및 선례는 법령과 구분하여 제공하고 있다. 문헌은 법원도서관이 소장하는 법률문헌의 목록과 법원실무제요와 사법논집 등 법원도서관이 간행한 자료 및 외부 발간자료 중 저작권자의 동의를 얻은 자료가 제공된다. 다만 문헌의 경우는 내부적으로 사용하는 것이어서 외부에서는 원문을 확인할 수 없고, 법원도서관에서 서비스하는 검색프로그램인 법고을을 통하여 저작자가 공개할 것을 동의한 일부 문헌에 대한 원문을 볼 수 있을 뿐이다.

[그림 3-13] 종합법률정보

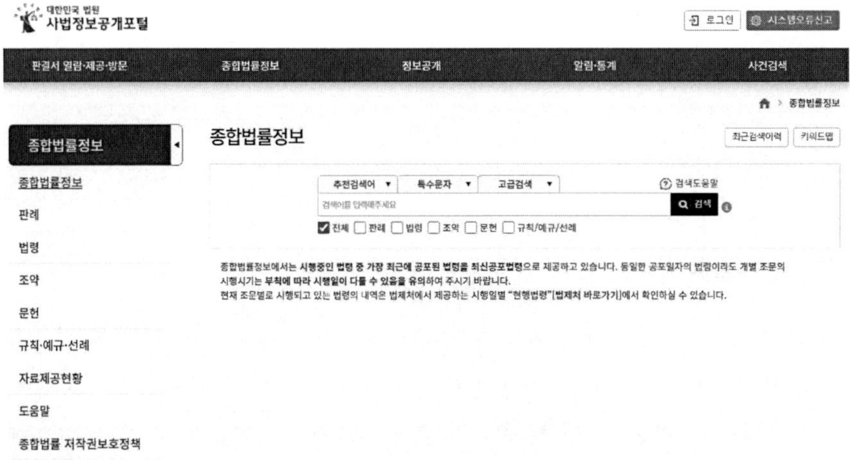

종합법률정보의 첫 번째 선택항목은 판례검색화면이다. 이하에서는 아래의 화면을 참고하면서 판례의 검색에 관하여 설명하기로 한다.

[그림 3-14] 판례검색화면

[참고] 화제의 판례 vs. 최신선고 판례

화제의 판례는 관리자가 화제로 등록한 판례이며 대략 900건이 넘는 판결이 등록되어 있다. 이에 비하여 최신선고 판례는 최근 30일 사이에 새롭게 종합법률정보에 등록된 판례이며, 판례공보를 기준으로 최근 2회 또는 3회에 발간된 자료라고 볼 수 있다.

① 판례자료의 선택

검색을 위해서는 우선 검색의 대상이 될 데이터베이스를 선택해야 한다. 처음에는 전체를 선택하는 것으로 되어 있는데, 그 경우 검색결과가 너무 많고 정확하지 않은 자료도 많이 검색되므로 검색할 사항이 명확하다면 그 범위를 줄이는 것이 좋다. 이를 위해서는 상세검색을 이용할 수 있는데, 첫화면에서 상세검색 창이 열려있지 않은 경우에는 검색창의 오른쪽 아래에 있는 상세화면 버튼을 클릭하여 그 화면이 열리도록 하면 된다.

상세검색의 첫 줄은 항목범위를 정하는 것인데, 처음에는 전체를 검색의 대상으로 삼고 있지만 판결에서 다루는 법리를 검색하기 위해서는 판시사항이나 판시요지를 지정하면 된다. 다만 판례공보에 수록되지 않았지만 종합법률정보에서 검색할 수 있는 판결에 대해서는 판시사항만 작성되어 있으므로 이러한 판결을 포함하여 검색하고자 하는 경우에는 판결요지가 아닌 판시사항을 선택하여야 한다.

그 다음으로는 판결을 선고한 법원을 선택할 수 있는데, 모든 판결을 검색의 대상으로 삼기 위해서는 전체를 선택하면 되지만, 특정한 법원의 판결을 대상으로 선택하려면 그 법원을 선택할 수 있다. 그리고 사건의 종류는 민사, 형사, 가사, 행정, 조세, 특허로 나누어져 있으므로 이에 대한 선택이 필요한 경우에는 구체적인 항목을 선택할 필요가 있다(그렇지만 법원의 선택을 통하여 검색결과를 제한하는 방법 외에도 검색어로 검색한 결과를 검색화면의 왼쪽에 있는 분류표를 통하여 선택하는 것도 가능하다).

한편 판결이 선고된 때를 기준으로 검색대상을 선정할 수 있으므로 이를 이용하여 일정한 기간 동안 선고된 판결을 검색할 수 있다. 끝으로 판례의 등급은 전원합의체 판결, 판례공보에 수록된 판결, 판례공보에 수록되지 않은 판결 및 전원합의체 판결을 통하여 폐기 또는 변경된 판결로 나누어져 있으므로 적절한 항목을 선택할 수 있다.

② 검색항목 입력

검색의 대상이 되는 자료의 범위를 정한 후에는 검색하고자 하는 사항을 입력하여야 한다. 가장 보편적으로 사용되는 것은 검색어를 입력하는 것과 사건번호를 입력하는 것인데, 원래 종합법률정보나 법원도서관에서 제공하는 법고을을 만드는 과정에서는 사건번호를 이용하는 검색하는 것을 중심으로 검색서비스를 제공하기도 하였다.

검색어를 여러 개 입력한 경우에는 입력한 검색어가 모두 포함된 판결을 찾아 결과를 표시하는데, 검색을 할 때 자연어검색의 방법을 이용하므로 검색한 단어를 포함하는 모든 자료를 찾아준다. 그러므로 예를 들어 '신탁'에 관한 판결을 찾으면 '명의신탁'에 관한 판결도 함께 찾아서 결과를 표시하는데, 이 경우 명의신탁에 관한 판결을 제외하고자 한다면 검색창의 상단에 있는 고급검색을 통하여 검색결과를 제한한 필요가 있다. 고급검색에는 어떤 단어를 포함하거나 제외하는 경우와 여러 개의 단어가 인접하고 있는 경우를 검색하도록 하는 입력창이 있고, 이를 활용하여 보다 정밀한 검색을 할 수 있다. 그리고 어떤 단어를 이용하여 검색한 결과가 너무 많은 경우에는 검색창 위쪽에 있는 '결과 내 재검색'을 통하여 검색결과를 정밀하게 선별할 수 있다(이러한 기능은 대부분의 판례검색서비스에서 제공한다).

[그림 3-15] 고급검색

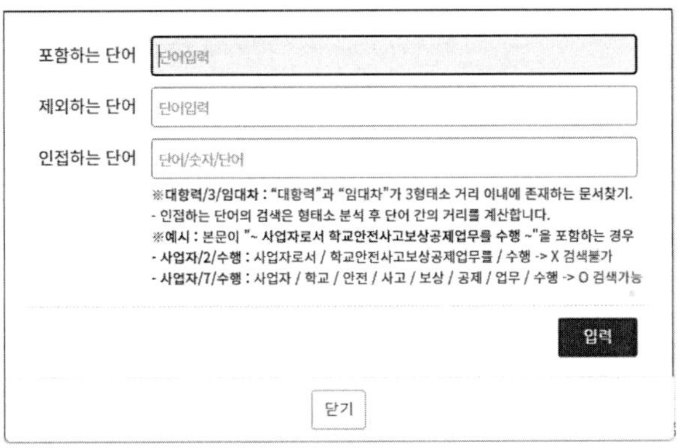

위에서 설명한 검색어를 이용한 검색 외에 사건명을 이용하여 검색하거나 참조조문을 이용하여 검색할 수 있다. 사건명은 소가 제기되었을 때 정해지면 그 판결이 확정될 때까지 동일한 사건명을 유지하는데, 사건명은 무엇에 관한 사건인지를 알 수 있게 하는 정보가 되므로 이를 이용하여 유사한 사안에 관한 사건들을 쉽게 찾을 수 있다(예: 손해배상(의)는 손해배상사건 중 의료사건을 의미한다).

ⅳ. 검색결과보기

[그림 3-16] 종합법률정보 판례검색

[그림 3-16]은 사해행위라는 검색어를 이용하여 검색한 결과 중 전원합의체 판결을 추가적으로 선택한 화면이며, 이러한 검색결과 중 본인이 원하는 판결을 선택한 화면이 [그림 3-17]이다.

[그림 3-16]에서 확인할 수 있는 정보는 사해행위라는 단어를 포함하고 있는 판결은 모두 1,179건이며, 이 가운데 판결요지에 사해행위라는 단어가 포함되어 있는 판결이 432건, 판시사항에 포함되어 있는 판결이 537건임을 알 수 있다. 그리고 대법원판결이 663건, 헌법재판소 결정이 21건 등이라는 정보와 전원합의체가 10건이라는 등의 정보, 민사사건이 1,106건이라는 정보 등을 확인할

수 있다.

[그림 3-17] 판결검색결과

[그림 3-17]을 통하여 확인할 수 있는 정보는 다음과 같다. 우선 판결의 쟁점이 무엇인지를 알려주는 <판시사항>, 쟁점에 대한 판단의 근거가 되는 법리를 정리한 <판결요지>, 이 판결의 판단에서 참고한 조문인 <참조조문>과 같은 법리에 관한 종전의 판결인 <참조판례>, 그리고 판결문 전체인 <전문>이 차례대로 나열되어 있다. 이 가운데 판례공보에 수록되지 않은 판결의 경우에는 판결요지가 작성되지 않으며, 어떤 법리에 관한 최초의 판결인 경우에는 참조판례가 없는 경우도 있다.

그리고 검색결과의 왼쪽 창을 보면, 검색한 판결을 참고판례로 하여 그 후에 선고된 판결인 <따름판례>, 검색한 판결을 대상판결로 삼아 작성된 <평석>과 검색한 판결을 인용한 논문인 <관련문헌>이 차례로 나열되어 있고, 그 밖에 참조판례와 참조조문, 본문에서 참조한 판례, 본문에서 참조한 조문 및 원심판결이 항목별로 정리되어 있다.

[참고] 디렉토리 검색

[그림 3-16]의 오른쪽 위에는 디렉토리검색, , 최근검색이력, 키워드맵이라는 3개의 아이콘이 있다. 이 가운데 디렉토리 검색은 참조조문으로 선정된 법조문별로 판례를 정리해 놓은 것이다. 국가법령정보의 경우에도 판례를 참조조문에 따라 정리해 놓았지만, 종합법률정보에서 제공하는 디렉토리 검색은 판례공보에 게제된 판결을 정리해 놓은 것으로 판결을 분야별로 확인하기에 유용한 자료이다

.

2. 법고을

ⅰ. 개요

법고을은 대법원이 운영하는 종합법률정보에 수록된 판례, 법령, 문헌, 예규 및 선례 등 다양하고 방대한 법률 관련정보를 개인적으로 소장할 수 있도록 만들어진 법률정보검색시스템이다. 초기의 법고을 LX는 1993년경에 당시 서울고등법원 부장판사였던 강봉수 판사가 개발한 것으로 1998년경에 윈도우버전으로의 업그레이드가 이루어졌으며, 2003년에 종래의 시스템을 대폭 개선하여 DVD에 담아 제공하게 되다가, 자료의 용량이 커진 후에는 USB에 담아서 보급하였다. 나아가 2024년에 이르러 인터넷을 통하여 이용할 수 있는 법고을로 개편하였다. 그렇지만 종전 버전의 법고을 LX를 위한 통합업데이트 자료를 2024년초까지 제공한 바 있다.

법고을에서는 판례 · 법령 · 문헌 · 예규 등의 자료를 제공하고 있는데, 이것은 종합법률정보의 자료와 거의 같다. 이들 자료를 한꺼번에 검색하기 위해서는 통합검색을 이용하면 되지만, 이곳에서는 개별적인 자료를 검색하는 것에 대해서만 설명하기로 한다. 그리고 개인용 프로그램의 특성상 종합법률정보와 약간 다

른 부분이 있는데, 이에 관하여는 해당되는 부분에서 설명한다.

ii. 판례검색

판례의 검색은 기본적으로 종합법률정보에서 판례를 검색하는 경우와 같다. 판례를 검색하기 위하여 검색조건을 지정할 수 있는데, 종합법률정보와 마찬가지로 판결을 선고한 법원의 심급을 정할 수 있고, 판결의 편별을 정할 수 있으며, 선고일자를 제한하거나 화재의 판결에 해당하는지 여부를 선택할 수 있다. 그리고 검색결과를 정렬하는 방법을 지정할 수 있다.

검색은 검색어를 입력하는 방법으로 이루어지며, 입력한 검색어와 연관된 검색어 목록을 보여준다. 판례를 검색한 결과는 검색화면의 아래쪽에 배열되며, 한 번에 볼 수 있는 검색결과는 10건, 20건, 50건, 100건 중 하나를 선택할 수 있다. 그리고 검색결과인 판결의 사건번호를 클릭하면 그 판결의 화면으로 이동한다. 검색결과화면에서는 중앙에 있는 창으로 통하여 판결문을 보여주는 외에 왼쪽의 창을 통하여 본문참조판례 등 부가적인 정보를 제공하고 오른쪽 창을 통하여 추가적인 검색과 판결의 목차를 이용한 바로가기 및 프린트나 파일저장 또는 공유 등의 기능을 제공한다.

iii. 법령검색

법고을에서 제공하는 법령검색은 종합법률정보에서 제공하는 법령과 동일하며, 법제처에서 제공하는 종합법령정보에 비하여 간단하게 설계되어 있다. 법령을 검색하는 구체적인 방법 중 법령명을 검색하는 것과 본문을 검색하는 것은 사법정보공개포털의 경우와 다르지만 나머지 대부분의 검색항목은 거의 동일하다.

iv. 문헌검색

문헌검색은 종합법률정보에서 검색할 수 있는 것과 유사한 DB자료를 검색하는 기능이 있지만, 일부 문헌에 대하여 본문을 확인할 수 있는 기능은 종합법률정보에는 없는 기능이다. 기본검색기능을 이용하여 검색어를 통한 검색을 하면 검색결과화면 왼쪽에 검색결과를 제한하기 위한 항목들이 제시되며, 본문의 내용을 확인할 수 있는 경우에는 검색결과의 아래쪽에 원문보기라는 아이콘이 나타난다.

[그림 3-18] 검색결과

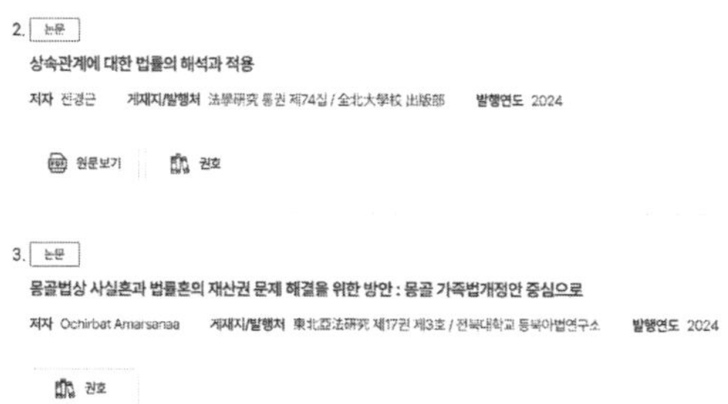

3. 헌법재판소결정 찾기

헌법재판소결정도 종합법률정보에서 검색할 수 있고, 검색방식이나 결과는 법원에서 선고한 판결을 찾는 것과 동일하다. 그렇지만 여기에서는 헌법재판소가 운영하는 지능형통합검색을 이용하는 방법을 간단하게 설명하고자 한다.

[그림 3-19]에서 볼 수 있는 바와 같이 헌법재판소의 경우에도 홈페이지를 통하여 다양한 정보를 제공한다. 그 가운데 중점적으로 설명하고자 하는 것은 결정에 대한 검색이므로 다른 사항에 대해서는 간략하게 소개한다. 헌법재판소에서 제공하는 정보는 크게 나누면 재판에 관한 정보와 그 밖에 뉴스 등의 정보이다. 참여·소통이라는 항목에 들어가면 포토뉴스, 새소식과 보도자료, 헌법재판소의 결정을 쉽게 이해할 수 있도록 한 만화로 보는 결정, 알림판 등의 정보와 함께 헌법재판소의 견학이나 도서관의 이용을 신청할 수 있는 안내문이 게시되어 있다. 그리고 재판정보에서는 최근에 선고된 주요결정과 중요한 사건의 변론일정, 최근에 발간한 자료의 목록 등과 함께 통계정보도 제공한다. 또한 사

법정보공개포털과 같이 사건의 진행상황에 대한 정보를 제공하는 사건검색도 있다.

가장 중요한 지능형 통합검색의 검색화면은 [그림 3-19]와 같고, 검색결과는 [그림 3-20]과 같다.

[그림 3-19] 헌법재판소 홈페이지

[그림 3-20] 지능형 통합검색

[그림 3-21] 검색결과

[그림 3-21]은 '재산분할'이라는 검색어를 입력하여 검색한 결과이다. [그림 3-21]의 첫 번째 사건의 색이 다른 것은 구체적인 내용을 확인하기 위해 클릭한 후의 변화이다.

[그림 3-21]의 검색결과를 보면 상단에 사건번호와 사건의 제목이 있고, 그 아래쪽에 종국일자 및 종국결과 그리고 이 결정의 출처가 표시되어 있다. 그리고 아래쪽에는 법원에서 선고한 판결의 경우와 유사하게 판시사항과 결정요지, 참조조문, 참조판례가 있고, 그 다음에 결정 전문이 나온다(결정문의 우측에 표시된 숫자는 출처인 판례집의 면수이다). 따라서 결정의 내용만 확인한다는 점에서는 종합법률정보를 이용하는 것과 유사한 결과를 얻을 수 있어 사용자의 선호에 따라 검색시스템을 선택할 수 있을 것으로 보인다. 다만 재산분할에 관한 검색결과를 확인하면 결정뿐만 아니라 문헌 등의 자료를 검색한 결과도 한꺼번에 제공하므로 이 점에서는 유용하다고 할 수 있다. 그런데 검색결과로 제공하는 문헌자료의 목록은 사법정보공개포털의 검색결과와 다르다는 점은 유의할 필요가 있다.

[그림 3-22] 검색결과에 대한 문헌자료

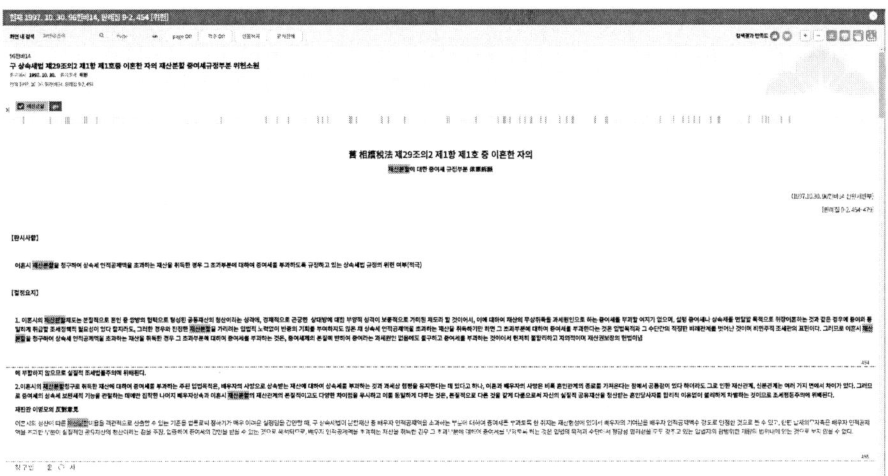

4. 상업용 데이터베이스

대법원의 사법정보공개포털이나 헌법재판소의 지능형통합검색을 통하여 얻은 수 있는 판례에 관한 정보를 상업용 데이터베이스를 통하여 얻을 수 있다. 상업용 데이터베이스의 경우에는 사법정보공개포털에 비하여 더 많은 판결문을 보유하고 있고, 특히 하급심 판결문을 다양하게 보유하고 있어 어떤 사건에 관한 전모를 파악하는데 유용하게 쓸 수 있다. 현재 활용가능한 판례검색 데이터베이스로는 케이스노트(https://casenote.kr/), 엘박스(https://lbox.kr/v2), 리걸엔진(legalengine.co.kr), 빅케이스(https://bigcase.ai/), 로앤비(Law&B), 유렉스(https://www.ulex.co.kr/) 등을 들 수 있는데, 이하에서는 이들에 관하여 간략하게 살펴보기로 한다.

i. 케이스노트(CaseNote)

케이스노트는 로앤비를 제외하면 상업용 법률정보데이터베이스 중 초기에 만들어진 리걸테크 스타트업이다. 유료회원을 기준으로 300만건 이상의 판례를 열람할 수 있고 한국사법행정학회에서 발간한 법률주석서와 11만건의 학술논문을 검색할 수 있다. 케이스노트의 경우에는 무료회원제도를 두고 있으며, 법령과 함께 30만건의 판결을 열람할 수 있다.

[그림 3-23] 케이스노트 홈

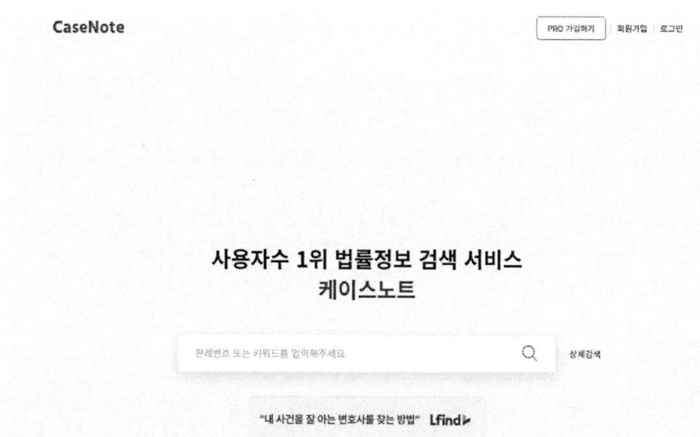

케이스노트 검색화면에서 유족연금을 검색한 결과는 아래와 같다. 검색결과가 배열된 순서는 '정확도순'이 디폴트값이므로 최신순으로 변경할 필요가 있다면 옆에 있는 버튼을 클릭하면 된다. 그리고 우측의 여러 선택사항을 이용하여 검색결과를 재배열할 수 있는바, 법원을 선택하여 일정한 법원의 판결을 선택하거나 사건종류나 소송결과를 이용하여 배열할 수 있다. 이러한 선택사항 가운데 소송결과는 종합법률정보에서 사용할 수 없는 항목이다.

[그림 3-24] 검색결과화면

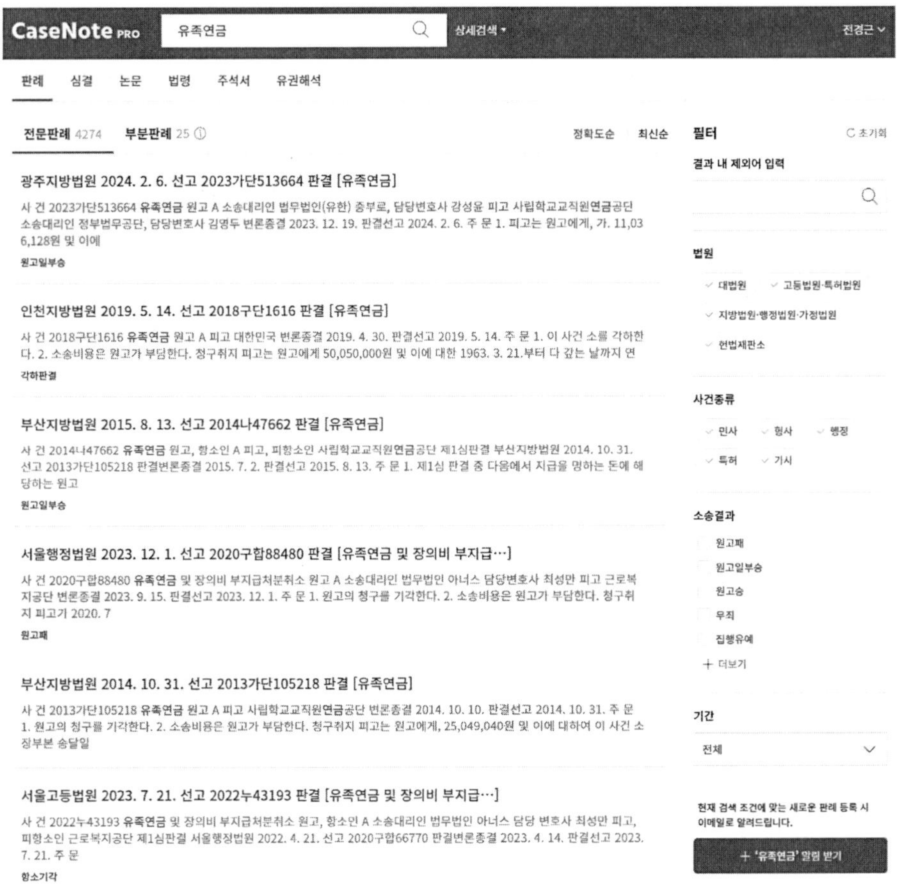

검색결과 중 내용을 확인하고 싶은 판결을 클릭하면 아래와 같은 화면이 나타난다. 이 화면에서는 검색한 판결의 본문과 원심과 1심 법원의 사건번호를 보여주며, 유사판례의 목록도 함께 제시하고 있다. 이 경우 유사판례는 종합법률정보의 판례에서 제시하는 참조판례나 따름판례와는 달리 검색결과와 관련이 있다고 판단되는 판결의 목록을 제시한 것이다. 종합법률정보에서 제시하는 따름판례와 유사한 항목은 인용판례이며, 검색한 판결을 인용하고 있는 문헌도 유사판례의 아래쪽에 표시되어 있다.

한편 유료회원의 경우에는 검색한 판결 아래쪽에 표시된 AI 요약을 이용할 수 있는데, 이것을 이용하여 전체를 요약하거나, 사실관계, 법률쟁점, 또는 파기사유를 요약해서 확인할 수 있다.

[그림 3-25] 검색결과화면

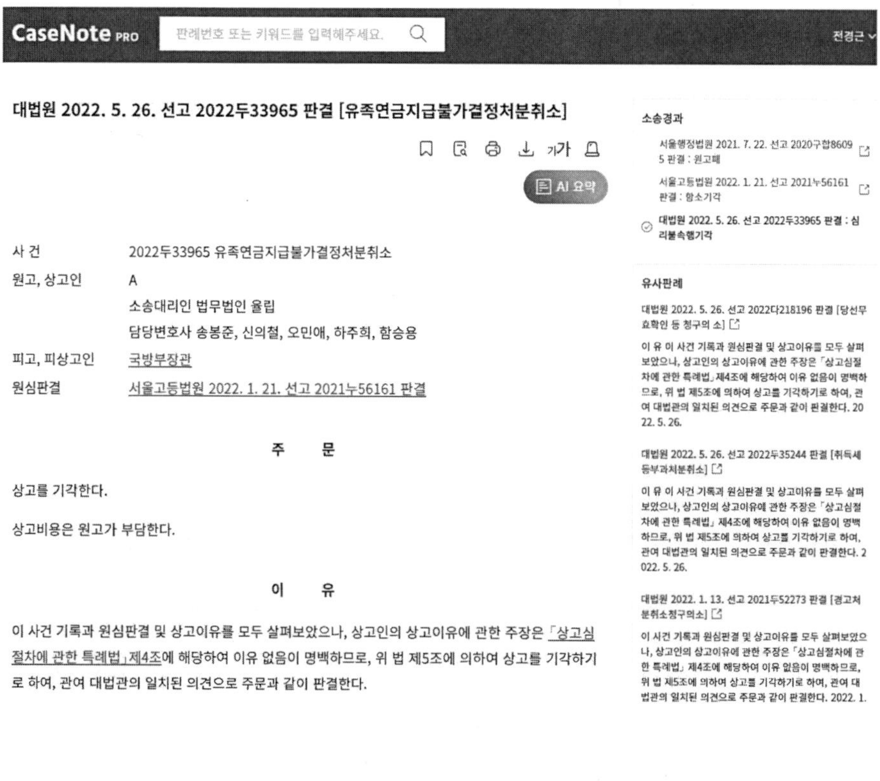

[그림 3-26] 검색결과 AI요약

대법원 2016. 9. 30. 선고 2015다19117, 19124 판결 [손해배상·손해배상] [공2016하,1601]

가가 AI 요약

CaseNote Ai 요약 Beta 케이스노트는 요약문의 정확성을 담보하지 않으며, 정확한 판시사항은 판례 전문을 확인하시기 바랍니다.

사건 개요: 피고 케이티비자산운용 주식회사와 피고 2는 중앙부산저축은행을 인수하기 위해 사모투자전문회사를 설립하고, 원고에게 투자 참여를 권유했다. 원고는 20억 원을 투자하여 사모투자전문회사의 유한책임사원이 되었지만, 피고들이 제공한 정보가 부정확하여 손해를 입었다고 주장하며 소송을 제기했다.

손해배상청구권 관련: 법원은 손해배상청구권의 지연손해금 기산일을 피고들에 의해 발생한 손해가 확정된 시점인 2012년 8월 16일로 인정했다. 그러나 원심은 이를 2014년 7월 15일로 판단하였으나, 대법원은 이를 법리 오해로 보아 그 부분을 파기했다.

손해액 산정 관련: 불법행위로 인한 손해액은 사건의 파산선고 시점 기준으로 산정할 수 있으며, 파산관재인이 법원에 제출한 보고서의 총배당예상률에 근거하여 산정할 수 있다. 원심은 부산저축은행의 파산절차에서 회수할 금액을 정기보고서에 따라 산정했으므로 적법하다.

파기 부분 설명: 피고들은 원고에게 374,034,786원 및 이에 대한 지연손해금을 지급할 의무가 있고, 가지급물 반환 관련해서도 원고는 피고에게 초과된 금액을 반환할 의무가 없다. 대법원은 원심 판결 중 피고가 원고에게 가지급물 반환을 초과하여 요구한 부분은 기각했다.

결론: 대법원은 원고에게 손해배상 청구 부분을 인용하며, 가지급물 반환 신청에 대해 피고가 제기한 항소를 기각했다. 추가로 발생한 소송과 관련된 비용 부담에 대해서는 원고와 피고 양측 간 분담 비율을 정했다. 이러한 판결에 따라 판결문은 파기되며, 해당 부분에 대해 대법원이 직접 판결을 내렸다.

케이스노트의 유료회원은 주석서와 학술논문도 이용할 수 있는데, 문헌의 검색과 이용에 관하여는 문헌 부분에서 함께 설명하기로 한다.

ii. 엘박스(LBOX)

엘박스도 케이스노트와 마찬가지로 판례의 검색을 기본적인 서비스로 제공하며, 주석서와 일부 문헌을 제공하고 있다(최근에 엘박스가 케이스노트를 인수하였으나 두 회사는 아직까지 독자적으로 운영되고 있다). 엘박스의 경우에도 판례에 대한 검색서비스를 제공하는 것이 기본적인 기능이지만, 일정한 주제에 관하여 판결을 정리하여 제공하는 기능도 가지고 있다. 예를 들어 법률분석이라는 아이콘을 선택하여, 교통이라는 항목을 선택하면 아래의 그림과 같은 화면이 나오는데 이를 통하여 음주운전에 관한 다양한 자료를 볼 수 있다. 다만 구체적인 사건에 필요한 정보를 선택하기 위해서는 필터를 이용하여 검색결과를 제한함으로써 필요한 자료를 쉽게 얻을 수 있다.

[그림 3-27] 엘박스 홈

[그림 3-28] 법률분석

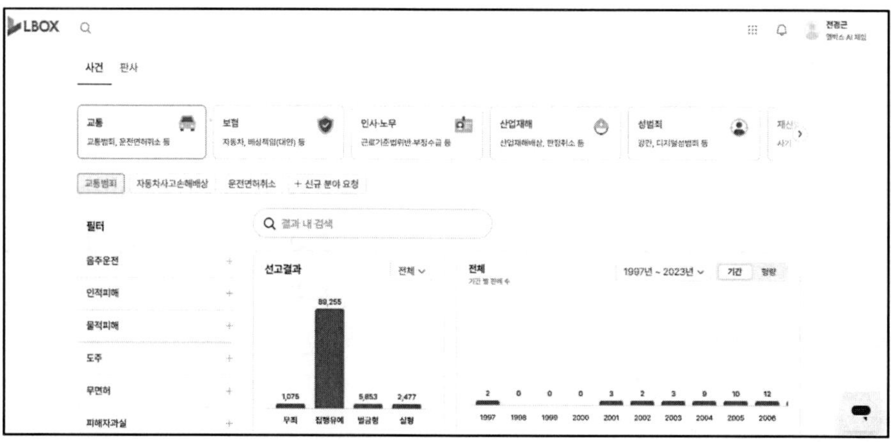

그리고 엘박스의 경우에도 케이스노트와 마찬가지로 검색어로 검색을 한

결과는 사건유형과 법원, 주문유형, 기간, 재판유형을 선택함으써 검색결과의 범위를 제한할 수 있다. 또한 다른 검색프로그램과 마찬가지로 검색을 하면서 제외어를 동시에 입력하여 일정한 단어가 포함되지만 제외어에 해당하는 단어를 포함한 판결은 검색되지 않도록 할 수 있다.

[그림 3-29] 검색화면

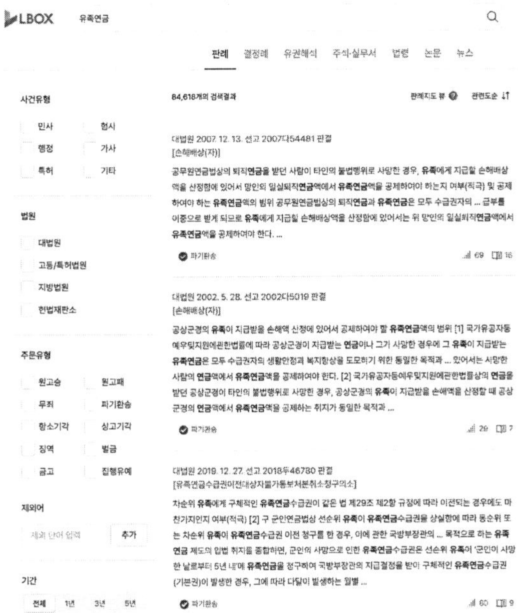

한편 엘박스의 경우에는 [그림 3-30]과 같이 생성형 AI의 검색엔진을 사용하여 검색결과를 그대로 나열하지 않고 일정한 형식의 문장으로 정리해서 보여주는 서비스를 제공하고 있다. 다만 변호사법에 의한 제한 때문에 엘박스 AI의 사용자격을 변호사로 제한하고 있다. 그리고 AI는 특성상 주어진 질문에 대한 답을 하도록 되어 있기 때문에 질문에 대하여 답변을 하기 위하여 참고할 수 있는 적절한 자료가 존재하지 않는 경우에는 환각 또는 환영을 뜻하는 'hallucination'이라고 하는 그럴싸한 거짓정보를 답변하는 현상을 보여주고 있기 때문에 AI가 제공하는 답변이 맞는지는 스스로 확인해야 한다. 또한 AI의 답변능력은 질문에 따라 달라지기 때문에 사용자 스스로 보다 구체적이고 정확한 질문을 할 수 있는 능력을 갖추는 것이 중요하다.

[그림 3-30] 엘박스 AI 검색화면

iii. 빅케이스와 슈퍼로이어

빅케이스는 로앤컴퍼니가 운영하는 판례 데이터베이스이고, 슈퍼로이어는 AI를 이용한 판례검색서비스이다. 빅케이스의 경우 회원가입을 하면 판결에 대한 검색서비스는 일부 무료로 제공하지만 허용되는 범위를 넘어서 사용하는 경우에는 유료회원으로 가입해야 한다. 판례 이외에도 법령과 주석서, 논문, 결정례, 유권해석 등의 자료도 제공한다. 한편 슈퍼로이어의 경우에는 엘박스 AI와 마찬가지로 사용자의 제한이 있고, 답변에는 환각이 존재한다.

[그림 3-31] 빅케이스 초기화면

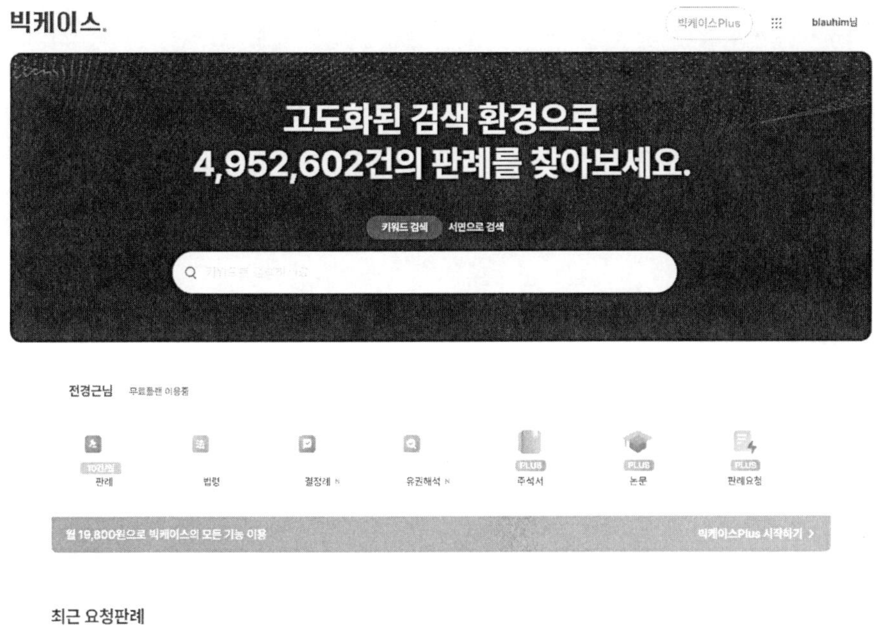

[그림 3-32] 판례검색 결과

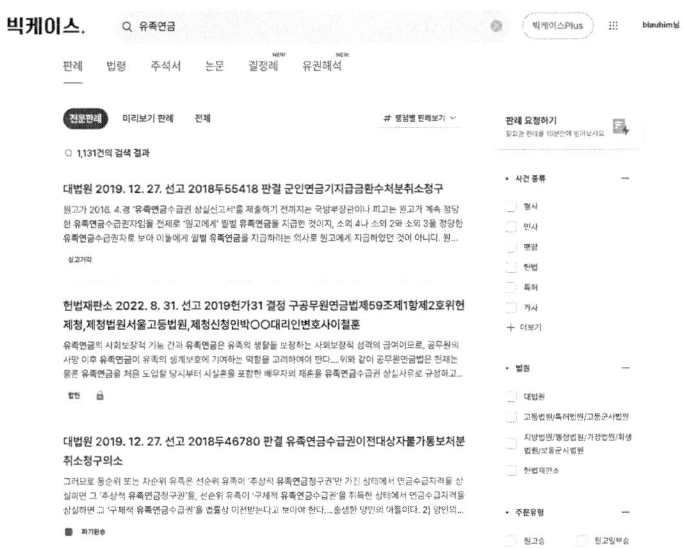

[그림 3-33] 유권해석 결과

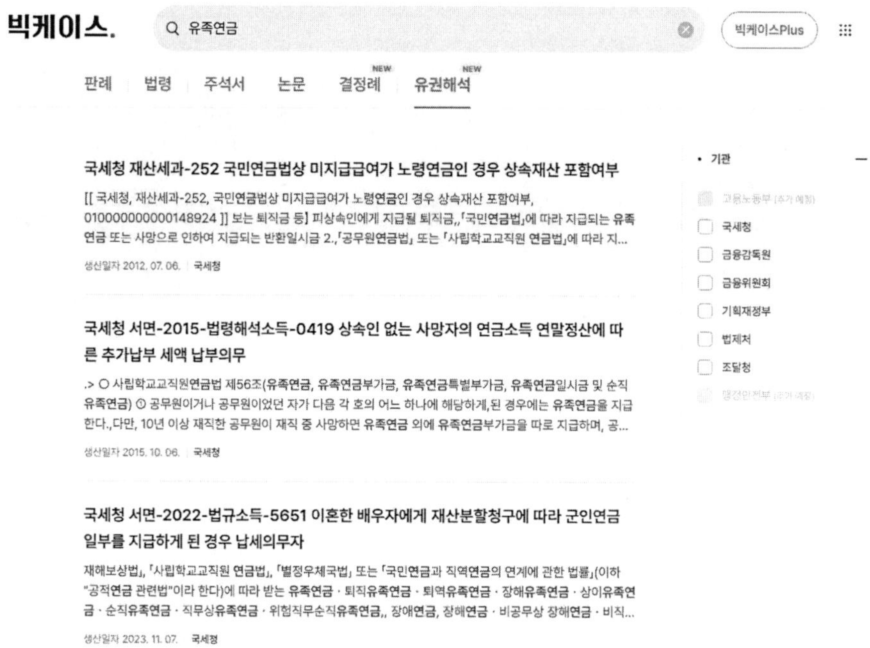

ⅳ. 리걸엔진(legalengine.co.kr)

리걸엔진의 경우는 케이스노트와 같이 판례 등의 자료를 검색하는 서비스를 제공한다. 리걸엔진이 제공하는 자료는 판례 외에 결정례, 논문, 유권해석, 민원, 조정/중재례, 보도자료, 회의록, 제재결과이며, [그림 3-34]에서 볼 수 있는 바와 같이 이들 자료를 순서대로 펼쳐서 볼 수도 있고, [그림 3-35]와 같이 목록의 형태로 볼 수도 있는 서비스를 제공한다. 그리고 [그림 3-35]에서 볼 수 있는 바와 같이 다른 상업용 데이터베이스의 경우와 마찬가지로 검색결과를 제한하기 위한 다양한 항목을 선택할 수 있도록 하고 있다.

[그림 3-34] 리걸엔진 통합검색화면

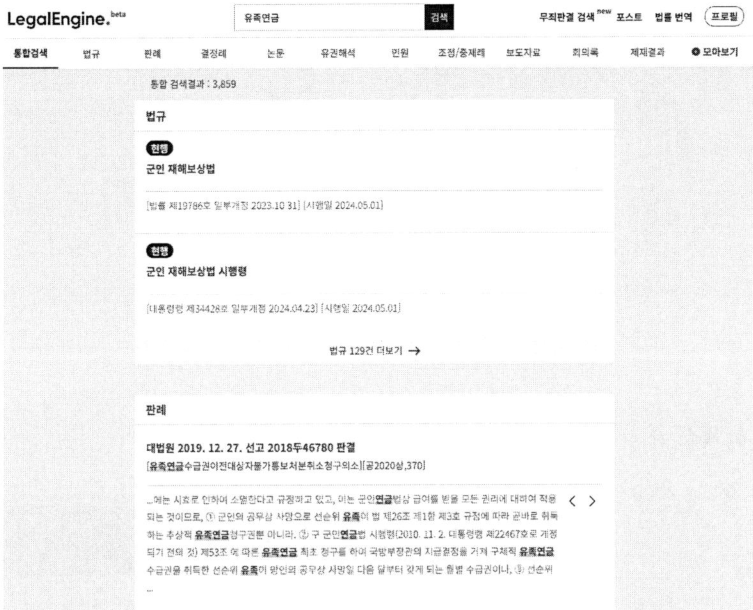

[그림 3-35] 검색결과화면

v. U-LEX와 법률메카

유렉스는 법령과 판례에 대한 검색서비스를 제공한다. 검색어를 입력하면 그에 관한 법령과 판례를 모두 검색한 결과를 한꺼번에 보여주며, 왼쪽에 있는 법령정보를 선택하면 그에 따른 판례를 제공하는 방법으로 서비스를 하고 있다.

한편 유렉스 홈페이지 화면의 법률QA를 클릭하면 법률메카라고 하는 법률 QA 하이브리드 플랫폼으로 이동한다. 법률메카에서는 검색하고 싶은 내용을 문장으로 입력할 수 있는데, 이 경우에는 미리 정리해 둔 내용을 답변을 얻을 수 있다.

[그림 3-36] 유렉스 초기화면

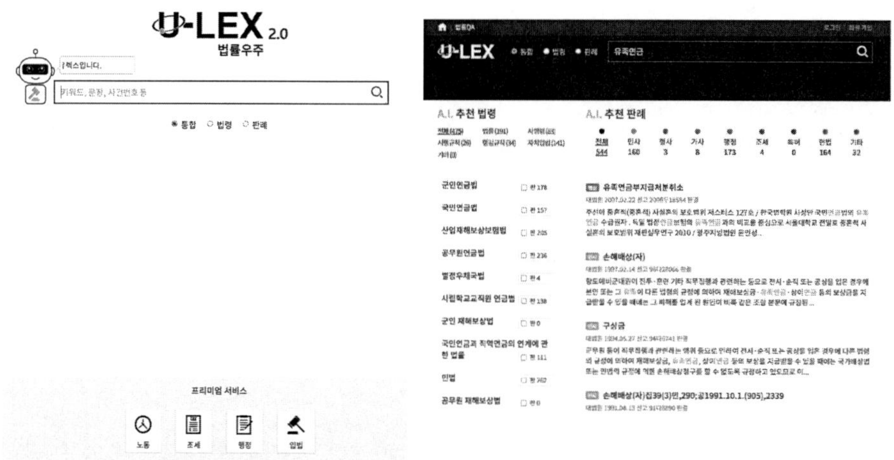

[그림 3-37] 법률메카 초기화면

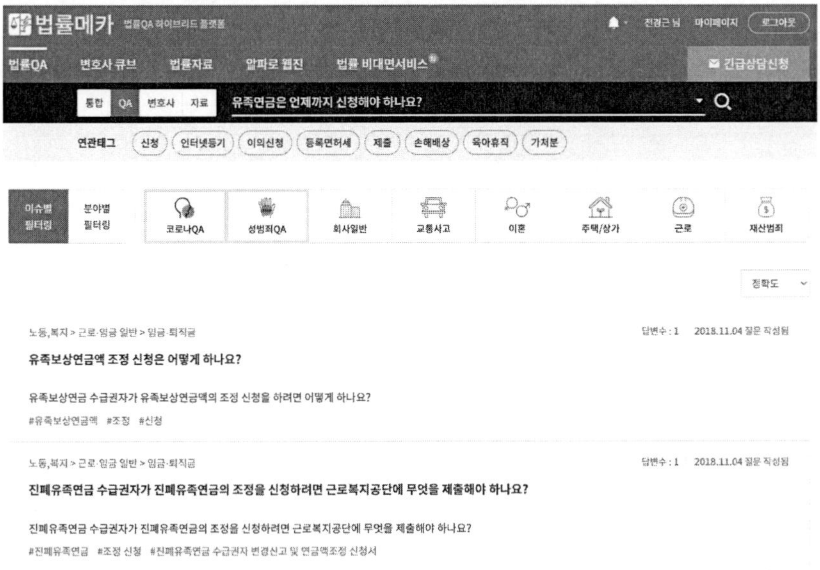

vi. 로앤비(Law&B)

로앤비는 법무법인 태평양의 자회사로 시작하였으며, 현재는 톰슨로이터의 자회사로 되어 있다. 로앤비가 운영하는 전자법률도서관은 판례와 법령 외에 심판·결정·해석, 문헌정보와 함께 각종 서식을 제공하고 있으며, 기업법무에 관한 자료도 제공한다. 나아가 문헌을 통하여 민법, 상법, 형법 등의 주요 법률에 대한 주석서를 제공할 뿐만 아니라 실무상 중요한 주요 법률에 대한 온라인 주석서(온주)를 서비스하고 있다. 최근에는 Westlaw가 제공하는 AI를 이용한 법률 AI 어시스턴트인 CoCounsel도 준비하고 있는 것으로 알려져 있다(CoCounsel에 관한 자세한 내용은 톰슨로이터 한국지사의 홈페이지를 참고).

[그림 3-38] 로앤비 전자법률도서관

[그림 3-38]을 통하여 알 수 있는 바와 같이 로앤비는 판례와 법규 등의 자료를 제공한다. 모든 항목을 동시에 검색할 수도 있고, 제공하는 항목의 옆에 있는 ∨을 각각 선택하여 검색할 수 있다. 다른 상업용 데이터베이스가 제공하지 않는 로앤비의 독자적인 서비스로는 최근에 선고된 판결에 대한 천자평석이 있고, 주요법률에 대한 주석인 온주가 있다.

온주는 가맹사업거래의 공정화에 관한 법률 등 90개에 가까운 법령을 주석서의 형식으로 설명해 놓은 자료이다. 온주는 실무상 중요한 법률문제에 적용되는 법령에 대한 수석서이며, 온라인으로 제공되기 때문에 최신자료에 대한 업데이트가 원활하게 이루어진다는 장점이 있다.

[그림 3-39] 로앤비 온주

[참고] 법률신문

법률신문은 1950년에 창간되었으며, 법률정보를 제공하는 신문으로서의 기능을 충실하게 수행하고 있다. 법률신문에는 최근에 선고된 판결에 대한 정보가 자주 실릴 뿐만 아니라 판례에 대한 짧은 평석이나 논설도 게재된다는 점에서 최신판례정보를 얻기 좋은 자료라고 할 수 있다. 법률신문의 인터넷주소는 'https://www.lawtimes.co.kr/'이다. 법률신문 이외에 대한변호사협회에서 발간하는 법조신문(https://news.koreanbar.or.kr/)에서도 법령정보를 제공한다.

5. 모바일앱 이용하기

대법원판결을 찾기 위하여 모바일앱을 이용하는 것도 가능하닥. 현재 앱을 이용하여 판례검색서비스를 제공하는 곳은 케이스노트, 빅케이스, 로앤비가 있다. 케이스노트와 빅케이스, 그리고 로앤비 라이트 앱을 설치한 후 무료회원에 가입하면 법원이 공개한 판결을 검색할 수 있고, 유료회원에 가입하면 회사가 제공하는 모든 판결을 검색할 수 있다. 사법정보공개포털의 경우에는 앱은 없지만 구글 바로가기를 설치하면 앱을 설치한 것과 같은 효과를 얻을 수 있다. 이하에서는 위에서 언급한 4가지 앱 또는 초기화면에 대해서 간단하게 설명한다.

ⅰ. 케이스노트

케이스노트는 앱을 사용하여 검색하는 것이 가능하다. [그림 3−38]에서 볼 수 있는 바와 같이 첫화면은 검색을 위한 입력창으로 구성되어 있으며, [그림 3−39]는 소멸시효를 입력하여 검색한 후 검색결과를 최신순으로 변경한 것으로, 2025. 7. 24. 선고된 전원합의체 판결까지 확인할 수 있다(이 화면은 2025. 7. 26. 저장된 것이다).

[그림 3-40] 케이스노트 초기화면

[그림 3-41] 검색화면

ii. 빅케이스

빅케이스는 판례서비스를 제공하는 서비스 중에서 가장 많은 수의 판결을 제공하고 있다. 그리고 검색화면의 검색창 아래에 있는 항목들은 좌우로 이동하면서 선택할 수 있는데, 이들 항목을 통하여 검색결과를 다시 배열할 수 있다. 또한 AI프리뷰를 통하여 판결의 사실관계와 요지를 정리한 자료를 확인할 수 있다.

[그림 3-42] 빅케이스 초기화면

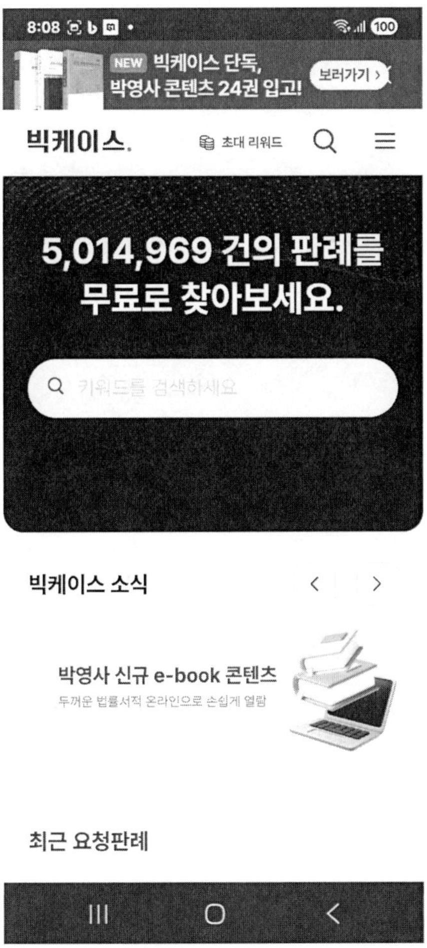

[그림 3-43] 검색화면

iii. 로앤비

로앤비는 오래전부터 앱을 통하여 서비스를 해 왔는데, 이 책을 저술하는 동안에는 Law&B Lite와 Law&B Plus로 나누어 서비스를 하였지만, 앞으로는 Law&B라는 하나의 앱으로 서비스를 제공한다고 한다. 로앤비의 경우에도 공간된 판결에 대한 검색서비스를 제공하고 있다.

[그림 3-44] 로앤비 플러스

[그림 3-45] 검색화면

ⅳ. 사법정보공개포털

사법정보공개포털의 경우에는 앱이 없기 때문에 구글에서 사법정보공개포털의 홈페이지 주소를 입력하여 바로가기를 설치해야 한다. 그 방법은 구글앱을 연 후에 사법정보공개포털의 홈페이지 주소인 https://portal.scourt.go.kr를 입력한 후 첫 화면에서 상단 우측에 있는 3개의 점을 눌러 환경설정 창을 활성화한 후에 '홈 화면에 추가'를 선택하는 방법으로 바로가기를 만드는 것이다. 이후에는 바로가기를 클릭하면 사법정보공개포털의 첫화면으로 접속할 수 있다.

[그림 3-46] 바로가기 만들기

[그림 3-47] 초기화면

[그림 3−47]에서 보는 바와 같이 포털의 첫화면에서 통합검색창을 이용하여 검색할 수 있다. 그렇지만 종합법률정보를 직접 이용하기 위해서는 화면을 위로 밀어 올려 [그림 3−48]에서 볼 수 있는 종합법률정보 바로가기 아이콘을 클릭할 수 있다. 모바일을 통하여 볼 수 있는 사법정보공개포털의 자료는 검색결과의 배열을 바꾸는 등의 방법으로 원하는 순서로 배열할 수 있어 원하는 판결을 찾는데 도움이 될 수 있지만, 검색결과에 대한 재검색이나 검색한 판결의 따름판례나 참고문헌을 확인할 수 없기 때문에 자료 상호간의 전환은 다소 불편하다고 할 수 있다.

[그림 3-48] 종합법률정보

[그림 3-49] 검색결과

제4장

문 헌 편

제1절 문헌의 유형

법률자료로서의 문헌은 매우 다양하여 쉽게 분류할 수 없다. 그래서 이곳에서는 독자로 예정하고 있는 법학전문대학원 학생들의 교과과정을 고려하여 간략하게 설명하기로 한다.

[1] 단행본

단행본은 독립된 한 권으로 발간된 서적을 말하며, 총서나 전집류 또는 잡지와 대비되는 용어이다. 법학을 공부하기 위하여 이용하는 단행본은 크게 교과서와 전문서적으로 나누어 볼 수 있을 것이다.

i. 교과서

교과과정의 대상이 되는 법률에 관한 제도의 연혁과 학설 및 판례를 소개하는 책자를 말한다. 전공서적이라고 불리기도 한다. 법학을 공부하면서 배워야 하는 기본적인 지식을 습득할 수 있도록 쓰여 있어 강의교재로서 많이 활용된다. 구체적으로는 학설과 판례에 관한 비교적 자세한 내용을 포함하고 있으며, 일반적으로 수험생을 위하여 그 내용을 축약해 놓은 수험서 또는 개설서보다는 학설 등에 대하여 자세하게 기술하고 있다.

ii. 전문서적

일정한 주제에 관하여 서술하고 있는 서적으로서 특정한 주제에 관한 깊이 있는 연구결과가 담겨있다. 주로 제도의 연혁과 외국의 학설, 국내의 학설과 판례 및 개인적인 의견이 포함된 경우가 많다. 이러한 전문서적은 한 분야에 관한 전문적인 지식을 습득하거나 논문을 작성하는데 있어서 참고자료로서 활용하기에 적합하다. 실무적으로는 특정한 영역의 사건을 처리하기 위하여 참고할 수 있을 것이다.

iii. 주석서

주석서는 교과서와는 달리 특정한 법률의 조문을 순서대로 정리한 것이다. 구체적으로는 조문을 중심으로 한 학설과 판례가 자세하게 정리되어 있다. 그 밖에도 전론(前論) 등과 같이 특정 조문이 아니라 제도에 관한 학설과 판례 및 특별법에 관한 사항이 포함된다. 주석서의 경우에는 많은 학자나 실무가들이 집필에 참가하여 일정 부분을 집필하는 것이 일반적이며, 교과서에 인용되지 않는 학설에 관한 상세한 내용, 특히 주장의 근거와 비판과 반론이 자세하게 소개되어 있으며, 외국의 예도 많이 소개되어 있다. 교과서에 나온 내용을 자세히 공부하기 위한 경우나 논문을 작성하는 경우에 참고할 필요가 있다.

그리고 로앤비에서는 실무상 중요한 법령에 대한 주석서를 온라인으로 서비스하고 있는데, 주석이 이루어진 법령은 약 90개 정도이고, 최근에는 민사소송법 주석서를 새로 발간하였다.

ⅳ. 논문집

논문들을 모아서 엮은 책을 논문집이라고 한다. 학술논문의 경우, 잡지에 실리는 경우도 있으나, 논문만을 모아 만든 논문집의 형태로 발간되기도 한다. 주로 접하는 논문집의 유형으로는 화갑논문집과 같은 기념논문집과 개인이 쓴 논문을 수록한 논문집 및 학회나 연구소에서 여러 연구자들의 논문을 모아 발간되는 논문집(학회지)이 있다. 논문의 경우에는 특정한 주제에 관한 전문적인 내용을 다루는 것이 많아 대학의 교육과정에서는 직접적으로 이용되지 않고 있지만, 특정한 분야에 관한 연구를 위해서는 반드시 참고해야 한다.

ⅴ. 기타

위에서 열거한 교과서, 주석서 및 논문집 외에도 다양한 형태의 법률서적이 있다. 예를 들어 어떤 분야를 소개하는 입문서나 법학을 전공하지 않은 일반인을 위한 법률서적 등이 그것이다. 이러한 단행본도 교재로 사용되는 경우가 있으며, 특정한 부분에 관한 실용적인 정보를 획득하기 위하여 사용하기도 한다.

[2] 논문

논문은 어떤 주제에 관하여 연구한 결과를 체계적이고 논리적으로 적은 글로서 특정한 주제에 관한 연구결과를 담고 있는 경우가 많으며, 법학에 있어서는 학술논문과 판례평석으로 크게 나누어 볼 수 있다.

ⅰ. 학술논문

어떤 주제에 관한 이론적인 내용을 중심으로 하여 작성된 논문을 말하며, 국내의 법률문제를 주제로 하여 작성하는 경우도 있지만, 외국의 이론과 국내의 이론을 비교하는 경우가 많다.

ⅱ. 판례평석

특정한 판결의 내용을 중심으로 하여 연구한 논문으로 법학분야의 특징적인 것이다. 대부분의 판례평석에는 연구대상이 된 판례에 관한 자세한 정보가 포함되어 있다. 학술논문과는 달리 판례와 국내의 이론을 중심으로 하여 논의를 진행하는 경우가 많으며, 판결에 대한 비판 또는 판결이 제시하지 않은 근거를 제시한다.

[참고] 판례해설

현재 법원도서관에서 발간하고 있는 대법원 판례해설이 그 대표적인 것인 것인데, 판례해설에서는 문제된 사안에 관하여 법원이 어떠한 관점에서 그러한 결론에 도달하였는지를 보여주고 있어 동일한 판결에 대한 판례평석과 함께 비교하면서 참고하면 문제된 판결의 내용을 정확하게 이해할 수 있다.

[3] 수험자료

법학을 공부하는 중요한 이유 중의 하나가 각종의 자격시험을 치르기 위한 것이며, 이를 위하여 만들어진 자료도 있다. 수험자료에는 단행본으로 된 것과 잡지의 형태로 된 것을 찾아볼 수 있으며, 단행본으로 된 것은 다시 개설서의 형태를 취하고 있는 것과 요약서의 형태를 취하고 있는 것으로 나누어볼 수 있다. 단행본의 형태로 된 또 다른 자료로는 문제집이 있는데, 이것은 시험범위에 속하는 내용을 시험문제와 같은 유형으로 출제하여 미리 연습할 수 있게 한 것이다. 시험준비를 위한 잡지의 경우에는 수험생을 대상으로 하여 특정한 주제에 관하여 설명하고 있는 논문과 그 밖의 수험자료 등이 포함되어 있다.

제2절 문헌의 검색

논문을 쓰기 위하여 필요한 문헌을 검색하기 위해서는 도서관을 방문하여 서가를 직접 확인하거나 도서목록을 확인하는 것이 가장 보편적인 방법이나 이러한 방법은 문헌정보학의 범위에 속하므로 이곳에서는 전자자료를 통하여 필요한 문헌을 찾는 방법을 중심으로 살펴본다.

법학의 영역에 속하는 자료를 찾기 위하여 이용할 수 있는 대표적인 전자자료는 법원도서관에서 제공하는 종합법률정보의 문헌검색과 헌법재판소에서 제공하는 문헌정보 및 국회도서관과 국립중앙도서관에서 제공하는 문헌검색이 있다. 그리고 한국연구재단에서 운용하는 한국학술지인용색인(https://www.kci.go.kr/)을 이용하여 학술논문을 검색할 수 있다.

온라인으로 문헌을 검색함에 있어서 유의해야 할 사항은 저작물에 대한 저작권에 관한 사항이다. 주지하다시피 공공기관의 저작물은 대부분 공개할 수 있으므로 목록뿐만 아니라 본문도 제공하는 경우가 많지만, 저작자의 저작권이 보호되어야 하는 저작물의 경우에는 저작자의 동의가 없는 한 온라인으로 제공되기 어렵다. 따라서 이러한 점을 감안하여 대부분의 전자도서관이 목록은 제공하지만, 저작물의 원문을 제공함에 있어서는 일정한 제한을 받는 경우가 있다는 점을 숙지할 필요가 있다.

[1] 법원도서관

ⅰ. 개요

법원도서관은 재판사무를 지원하기 위하여 도서, 기타 도서관 자료 및 사법자료를 수집·정리·보존·편찬·발간하며, 도서관 자료 및 사법자료에 관한 정보제공과 도서관 봉사를 행하는 법률관련 도서관이다. 법원도서관이 발간하는 자료로는 학술자료인 사법과 사법논집, 대법원판례해설, 재판자료집, 영문저널, 판례자료인 대법원판례집, 영문판례집, 중문판례집, 구술총서, 국역자료, 사법연감, 법원공보 등이 있다. 현재 일산에 있는 법원도서관은 50만권 이상의 장서를 보유하고 있으며, 고등법원과 지방법원에 설치된 법원도서실의 소장도서는 160만원에 달한다.

[그림 4-1] 법원도서관 홈페이지

법원도서관에서는 종합법률정보를 통하여 다음과 같은 정보를 제공하고 있다.

- 대법원 판례 : 1948년부터의 주요 판례
- 하급심 판례 : 1948년부터의 주요 판례
- 헌법재판소 결정 : 1989년부터의 주요 결정
- 현행 대한민국 법령 전부 : 헌법, 법률, 조약, 시행령, 규칙 등
- 법원도서관 소장 국내외 법률문헌 목록 전부

한편 대법원 발간 자료인 사법논집, 사법연구자료, 대법원판례해설, 재판자료, 법원실무제요 등 각종 실무자료 중 일부에 대해서는 원문정보를 제공하고 있으며, 외부 발간 자료의 경우에는 저작권자의 동의를 얻은 것에 한하여 법고을을 통하여 원문자료를 제공하고 있다.

ii. 종합법률정보의 특징

법원도서관은 국내 최대의 법률전문도서관으로서 법률자료를 가장 많이 확보하고 있으며, 이를 전자도서관의 형태로 운용함으로써 인터넷을 통하여 쉽게 검색할 수 있도록 하고 있을 뿐만 아니라, 법률관련어집(Legal Thesaurus)을 이용하여 법률전문용어를 정확히 모르는 일반 이용자도 손쉽게 정보검색을 할 수 있도록 하고 있다. 또한 아래의 그림에서 볼 수 있는 바와 같이 현재 운용되고 있는 종합법률정보시스템은 판례정보와 문헌정보를 유기적으로 연결하여 조회할 수 있도록 하고 있다. 판례를 검색한 경우 그 판결을 대상으로 작성된 평석과 그 판결을 인용한 논문의 서지정보를 제공하고 있는 것이다. 종합법률정보 중 법령과 판례에 관하여는 이미 설명하였으므로 이곳에서는 문헌에 관한 설명만 추가한다.

[그림 4-2] 판례검색결과

iii. 종합법률정보의 문헌검색

종합법률정보에서 제공하는 문헌검색의 경우에는 대상자료를 자료유형에 따라 단행본, 연속간행물, 논문, 평석, 비도서로 나누고 있으며, 언어에 따라 국내서와 일본서, 영미서, 독일서, 불서 및 기타로 나누고 있다. 한편 논문의 경우에는 원문이 있는 자료와 목차만 있는 자료로 나눈다. 검색항목으로는 검색어, 서명, 저자, 출판사명이 있다. 각각의 검색항목의 이용방법은 판례편의 검색방법과 동일하므로 자세한 설명은 생략한다.

[그림 4-3] 문헌검색결과

종합법률정보의 검색창에 '표현대리'를 입력하고 검색한 결과이다. 검색결과 중 논문의 서지사항을 살펴보면 논문의 제목과 게재지, 출판사, 발행년도, 유형에 관한 정보가 기재되어 있고, 논문 중 판례평석의 경우에는 사건번호가 추가로 기재되어 있을 뿐 본문에 관한 정보를 외부에 제공하지 않는다. 따라서 해당 논문의 본문을 확인하기 위해서는 법원도서관에서 운영하는 법고을을 이용하여 문헌을 검색하는 것이 더 편리하다. 다만 종합법률정보의 검색결과를 토대로 문헌에 관한 상업용 데이터베이스인 디비피아(DBPIA), 키스(KISS), 한국학술정보, 스콜라(SCHOLAR), RISS, 한국학술지인용색인(KCI)를 이용하기 위한 참고자료로서의 역할은 충분히 할 수 있다고 본다.

[참고] 문헌정보의 이용

위에서 인용한 디비피아(DBPIA), 키스(KISS), 한국학술정보, 스콜라(SCHOLAR), RISS 등의 문헌정보는 유료로 운영된다. 다만 대학의 도서관 등에서는 구성원을 위하여 이들 서비스를 구입하여 사용할 수 있도록 하고 있으므로, 대학의 도서관을 이용하면 무료로 사용할 수 있을 것이다.

[그림 4-4] 검색결과

[그림 4-5] 문헌서지정보

문헌서지정보

논제/서명	분할연금에 관한 연구
게재지	법학연구 제23집 제4호 295-332
저자	전경근
출판사	법학연구 제23집 제4호 / 인하대학교 법학연구소
발행연도	2020
출간언어	한국어
참조조문	
사건번호	
자료유형	논문

[2] 헌법재판소 도서관

헌법재판소에서 제공하는 판례검색과는 별개로 헌법재판소의 홈페이지에 있는 도서관을 클릭하면 헌법재판소가 소장하고 있는 문헌자료를 검색할 수 있는 화면이 나온다. 이 화면을 통하여 알 수 있는 바와 같이 헌법재판소 도서관은 판례요지집 외에 헌법재판실무제요, 판례평석 등의 자료를 제공하는제, 이는 헌법재판소에서 발간한 자료와 헌법재판연구원 및 아시아헌법재판연구 사무국에서 발간한 자료로 나눌 수 있다.

자료의 검색은 첫 번째 화면의 검색창에 검색어를 입력하는 방법과 본문검색을 클릭한 후 제외어를 추가로 입력하여 검색하는 방법을 선택할 수 있고, 전체로 설정되어 있는 검색대상을 클릭하여 자료 중 일부에 대하여 검색할 수 있다.

[그림 4-6] 헌법재판소도서관

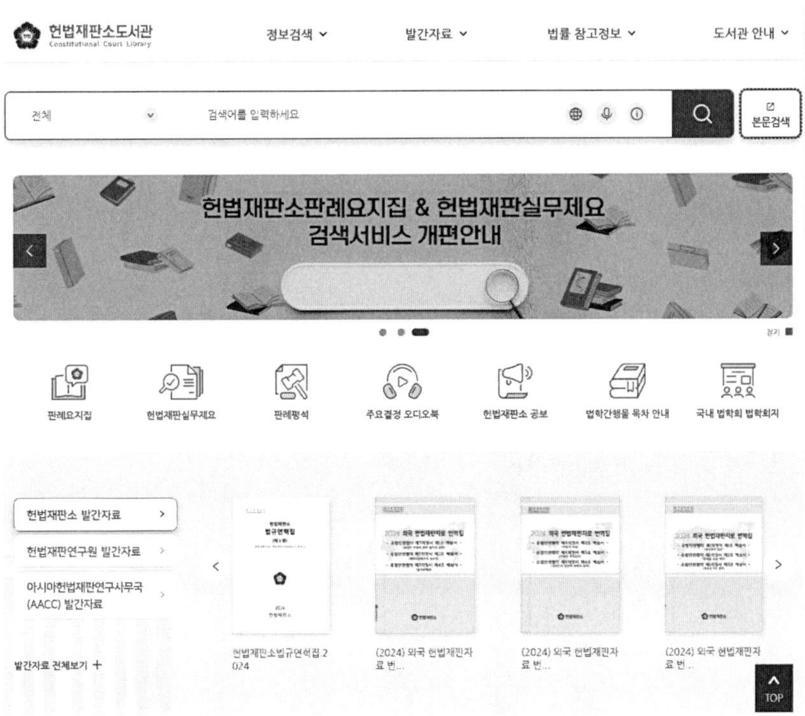

[그림 4-7] 선택항목

한편 헌법재판소 도서관이 소장하고 있는 전자자료를 포함한 모든 자료를 검색하는 화면에서는 그림에서 볼 수 있는 바와 같이 매우 다양한 자료를 검색할 수 있고, 일부 자료에 대해서는 원문을 확인할 수 있다.

[3] 국회도서관

국회도서관은 국회의 입법활동을 돕기 위하여 만들어졌지만 일반인에게도 열람을 허용하고 있다. 과거에는 국회도서관을 이용하기 위해서는 직접 찾아가야 했지만, 1997년도에 시행된 국가전자도서관 구축기본계획에 의거하여 추진한 전자도서관 DB구축사업이 성공적으로 수행됨으로써 인터넷을 통하여 국회도서관의 서지정보뿐만 아니라 저작권법이 적용되지 않는 자료에 대해서는 원문정보를 함께 이용할 수 있게 되었다. 특히 개정 저작권법이 발효된 2000년 7월 1일부터는 학술정보 상호협력협정을 체결한 전국의 도서관에서도 국회도서관이 구축한 서지정보 및 원문자료를 온라인으로 이용할 수 있도록 하고 있다. 국회도서관은 회원제로 운영되고 있으며, 회원가입을 해야 이용할 수 있다. 국회도서관이 온라인으로 서비스하고 있는 데이터베이스에는 단행본 및 논문과 학위논문, 멀티미디어 등이 있다.

[그림 4-8] 국회도서관 자료이용방법

국회 전자도서관에서 제공하는 문헌검색방법은 기본검색과 상세검색이 있다. 기본검색은 검색어를 사용하여 검색하는 방법이며, 상세검색은 자료명, 저자명, 발행자 등을 중복적으로 입력하여 검색하는 방법이로, 상세검색의 각 항목은 'and', 'or', 'and not'의 연산자를 이용하여 검색할 수 있다.

[그림 4-9] 상세검색화면

[그림 4-10] 문헌검색결과

[그림 4-10]은 국내학술잡지를 전체항목을 대상으로 '재산분할'이라는 검색어를 사용하여 검색한 화면이다. 자료는 정확도를 기준으로 나열된 상태이며, 한 화면에서 볼 수 있는 자료의 수와 자료의 배열순서는 선택할 수 있다. 그리고 각 자료의 오른쪽에는 해당 자료의 원문을 어떤 방법으로 확인할 수 있는지에 관한 정보가 제공되어 있다.

저작권이 없거나 저작권자의 동의가 있는 일부 문서는 원문의 열람이 가능하고, 일부 자료는 협정기관에 설치된 국회도서관과 연결된 단말기를 이용하면 원문의 열람이 가능하며, 일부 자료를 국회도서관에 직접 가야만 열람할 수 있다. 국회도서관의 자료를 이용할 수 있는 협정기관의 목록은 "https://www.nanet.go.kr/comnet/academeet/academInfoView.do"에서 확인할 수 있다.

그 밖에 국회도서관에서 운영하는 의회법률정보포털(https://lnp.nanet.go.kr/) 이나 국가전략정보포털(https://nsp.nanet.go.kr/)을 이용하여 입법과 관련된 자료를 수집하는 것도 가능하다.

[4] 국립중앙도서관

국립중앙도서관은 우리나라에서 발간되는 모든 문헌을 납본, 구입, 기증, 교환 등의 방법에 의하여 수집하고 있다. 이러한 기능은 우리나라를 대표하는 도서관으로서의 가장 중요하고 기본적인 기능이다. 국립중앙도서관의 소장자료 중 법학과 관련된 자료를 따로 정리해서 제공하고 있지는 않지만, 검색을 하는 경우에는 특별히 문제되지 않으므로 국립중앙도서관의 이용방법에 대하여 간단히 살펴보기로 한다.

[그림 4-11] 국립중앙도서관 통합검색

[그림 4-12] 검색결과

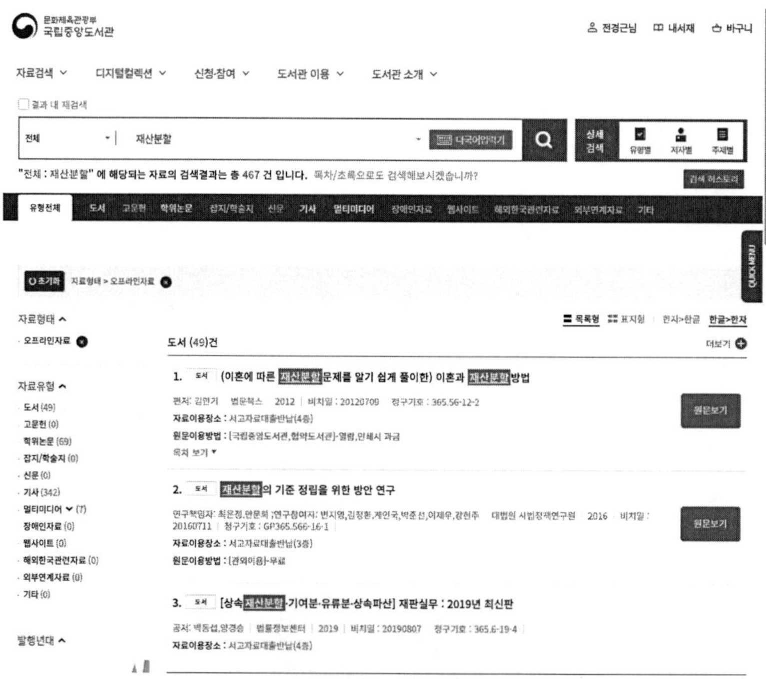

[그림 4－12]를 보면 재산분할에 관하여 국립중앙도서관에서 전자문서의 형태로 제공하는 자료의 출처가 왼쪽창에 나열되어 있고, 오른쪽 창에서는 검색결과가 제시된다. 그리고 검색결과의 오른쪽에는 '원문보기'라는 버튼이 있는데, 이 버튼이 있는 자료는 온라인으로 원문을 볼 수 있다. 다만 원문을 보기 위해서는 문서뷰어라는 프로그램을 설치하여야 하고, 원문을 볼 수 있는 화면에서는 자료의 일부를 출력하거나 다운로드할 수 있다.

검색결과가 너무 많은 경우에는 왼쪽에 있는 자료유형, 자료형태, 발행년대 등의 선택을 통하여 자료를 선별하거나 상세검색을 통하여 필요한 정보를 선별하여 검색할 수 있다.

[5] 국가전자도서관

국가전자도서관(https://www.dlibrary.go.kr/)은 하나의 도서관이 아니라 여러 공공도서관의 자료를 한 곳에서 이용할 수 있도록 만든 가상도서관으로 2025년 현재 9개 참여기관이 제공하는 자료를 통합하여 검색할 수 있다. 그리고 일반 이용자들은 저작권에 저촉되지 않는 원문을 무료로 열람, 출력할 수 있고, 저작권 있는 원문은 가까운 공공도서관의 지정된 PC에서 열람할 수 있다. 법원도서관, 국립중앙도서관, 국회도서관도 국가전자도서관에 포함되어 있으므로 각각의 전자도서관을 이용하거나 국가전자도서관을 통하여 자료를 검색할 수 있다.

[그림 4-13] 국가전자도서관

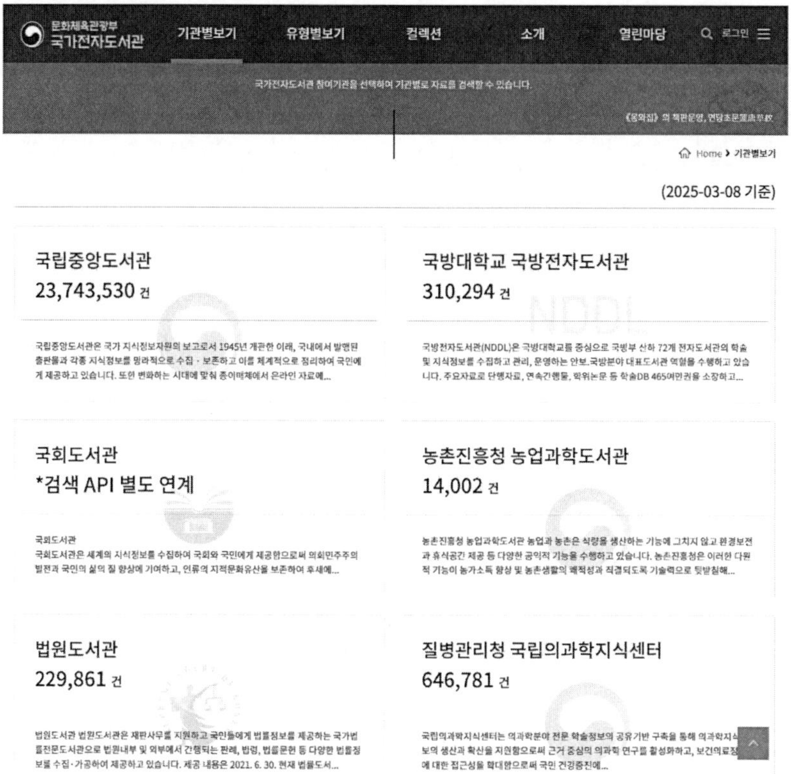

[6] 한국학술지인용색인

한국학술지인용색인(https://www.kci.go.kr/kciportal/main.kci) 또는 KCI(Korea Citation Index)는 한국어권 학술지 및 그에 게재된 학술연구실적을 평가하기 위해 한국연구재단에서 2007년부터 구축하여 2008년에 출범시킨 비영리 인용 색인이며, 색인에 등재된 학술지에 실린 논문은 무료로 제공하고 있다. 현재 학술단체에서 발간하는 자료의 상당수가 등재학술지 또는 등재후보학술지에 해당한다는 점을 감안하면 연구 또는 실무를 위하여 필요한 자료의 대부분을 얻은 수 있을 것으로 본다.

[그림 4-14] 한국학술지인용색인

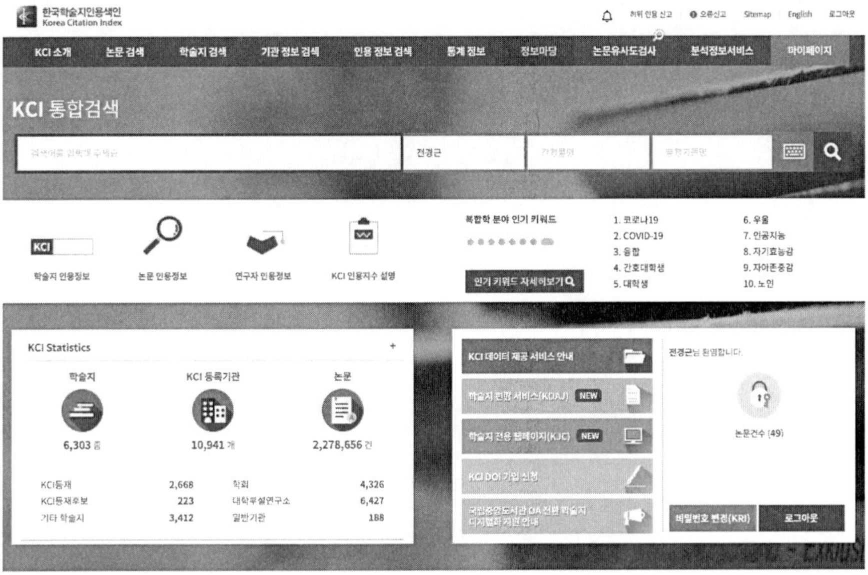

[그림 4-15] 한국학술지인용색인

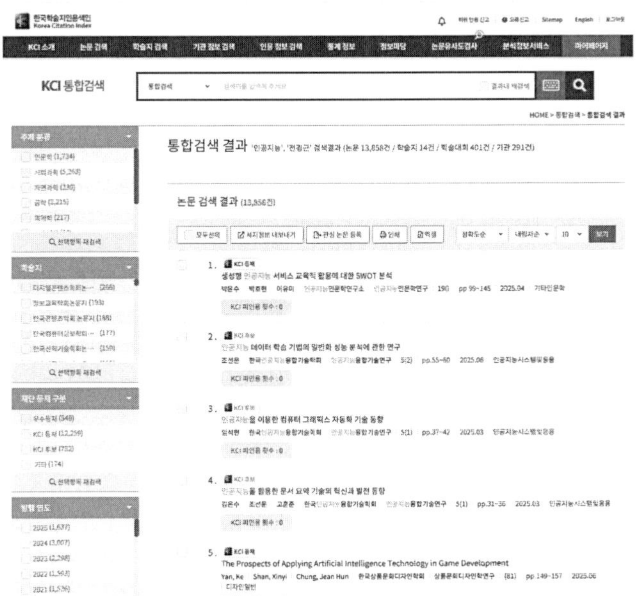

[그림 4-14]의 통합검색화면에서 논문의 제목에 사용된 검색어, 저자, 간행물, 발행기관을 입력한 후 검색하면, [그림 4-15]와 같은 검색결과를 얻을 수 있다. 검색결과에서 볼 수 있는 바와 같이 논문이 실린 자료에 대한 서지정보와 인용지수를 보여준다.

제3절 문헌의 인용

인용은 본인의 글에서 다른 사람의 저작을 직접 언급함으로써 그의 견해를 소개하는 것을 말한다. 문헌의 인용은 법령이나 판례의 인용에 비하여 복잡하며, 인용의 기준도 명확하지 않는 경우가 많다. 문헌의 인용방법에 관하여 규정하고 있는 저작권법은 "공표된 저작물은 보도 · 비평 · 교육 · 연구 등을 위하여는 정당한 범위 안에서 공정한 관행에 합치되게 이를 인용할 수 있다"고 규정한다(제28조). 따라서 타인의 저작물을 이용하여 논문 등을 작성하는 경우에는 정해진 인용방법을 사용하여 출처를 표시하여야 한다.

본문 중에 타인의 글을 인용하는 방법으로는 직접인용과 간접인용이 있는데 직접인용을 하는 경우에는 본문 중에서 인용한 부분을 따옴표(",")를 사용하여 표시하거나 들여쓰기 또는 글씨의 크기를 본문과 달리함으로써 저자가 작성한 부분과 구분되게 하여 인용할 수 있다. 그렇지만 간접인용의 경우에는 본문의 내용 중에 포함하여 인용하게 되는데, 직접인용을 하건 간접인용을 하건 어느 경우에는 인용문의 끝에 각주를 달아 인용된 문헌의 서지사항을 기록하여야 한다. 그렇지만 이 책은 문헌인용을 설명하기 위한 목적으로 쓰여진 것이 아니므로 레포트 등의 작성을 위하여 필요한 범위 내에서 간략하게 설명하기로 한다(문헌인용에 관한 내용은 한국법학교수회에서 2000년 12월에 공표한 논문작성 및 문헌인용에 관한 표준안을 주로 참고하였다).

[1] 주(註)와 참고문헌

주는 본문에 나오는 내용이 다른 문헌에서 인용된 경우에 그 출처를 알려주기 위한 것이거나 본문의 내용에 대한 상세한 설명이나 개인적인 의견을 표명하기 위하여 사용된다. 이 가운데 다른 문헌에서 일정한 내용을 인용한 경우에는 다른 사람이 그 인용을 찾아볼 수 있는 정도의 문헌정보를 주에 기재하여야 한다. 주에는 각주(脚註)와 미주(尾註)가 있는데, 각주는 인용한 부분이 있는 면의 아래쪽에 따로 덧붙인 설명을 말하며, 미주는 주를 각 장의 끝이나 논문의 끝과 같이 글의 말미에 모아 놓은 것을 말한다.

이에 비하여 참고문헌은 논문 등을 쓰면서 참고한 단행본이나 다른 논문을 독자에게 알려 주기 위한 것이거나, 또는 본문의 내용을 더 자세히 알기 위하여 이용할 수 있는 자료의 목록을 제공하기 위한 목적에서 작성된다. 한편 참고문헌의 작성은 논문을 작성하기 위한 기초작업으로 행하여지기도 한다. 이 경우에는 자신이 수집한 문헌을 정리하여 논문을 쉽게 작성하는데 도움을 줄 수 있도록 구체적인 내용까지 가급적 자세하게 기재해 둘 필요가 있다(참고문헌의 작성방법을 잘 설명하고 있는 자료로는 『움베르토 에코 저, 김운찬 역, 논문 잘 쓰는 방법, 열린책들』이 있다).

따라서 각주와 참고문헌을 비교하면 각주는 논문에서 인용한 문헌의 구체적인 부분을 지적하기 위하여 사용하며, 반복적으로 사용될 수도 있다는 점에서 간략하게 기재하는 것이 허용되지만, 참고문헌의 경우에는 문헌에 관한 상세한 서지사항이 기재되어야 한다는 점에서 차이가 있다.

[2] 단행본에 있어서의 각주과 참고문헌의 주요 기재사항

☞ 예 : 송덕수, 민법총칙(7), 서울 : 박영사, 2024.

ⅰ. 각주의 경우

① 저자 : 글을 쓴 사람. 문헌에 저자라고 표시된 사람을 말한다. 공동저자의 경우에는 이름을 모두 쓰거나 누구 외 몇 명이라고 표시한다. 저자 이외에도 외국문헌을 번역한 사람인 역자(譯者)나 다른 사람이 작성한 논문이나 자료를 정리하여 책으로 엮은 편자(編者)도 있다.

② 책제목(書名) : 단행본뿐만 아니라 논문을 찾는 경우에도 책의 이름은 반드시 기재되어야 한다.

③ 면수 : 논문에 인용한 부분이 포함된 면을 적는다. 여러 면에 걸치는 것을 인용한 경우에는 어디에서 어디까지를 표시하는 방법과 몇 면 이하로 표시하는 방법이 있다.

ⅱ. 참고문헌의 경우

각주에는 기재하지 않아도 되지만 참고문헌에는 기재하여야 하는 항목으로는 다음과 같은 것이 있다.

① 판수 : 인용한 책이 몇 판(版)인지를 기록한다. 이것은 책이 여러 차례 개정된 경우 인용한 부분이 어디인지를 정확하게 표시하기 위하여 필요하다. 이와 발행년도는 밀접한 관련을 가진다(판 외에 쇄(刷)라는 표기가 있는데, 쇄는 같은 판을 몇 번 인쇄하였는지 알려주는 정보이다).

② 출판사 : 출판사는 동일한 이름의 다른 책이 있는 경우에 인용한 책을 구해 보기 위해서 필요한 사항이다. 참고문헌의 경우에는 출판사가 소재한 지역도 기재하는 경우가 있다(국내에서 발행된 책의 경우에는 생략하는 것이 일반적이나, 외국에서 출판된 경우에는 표시하기도 한다).

③ 출판년도 : 책이 출판된 년도를 말한다. 책이 처음 출판된 이후 판과 쇄가 바뀐 경우에는 책에 기재된 출판사항대로 기재하여야 한다.

[3] 논문에 있어서의 각주와 참고문헌의 주요 기재사항

☞ 예 : 전경근, "상속인 부존재의 법률관계", 가족법연구 37권 3호, 한국가족법학회, 2023년.

① 저자 : 단행본의 경우와 같다

② 논문제목 : 논문제목을 인용하는 경우에는 논문제목에 [", "] 또는 [「, 」]를 사용하거나 기울여진 글씨체(사체)를 사용한다(외국자료의 경우).

③ 책제목 : 논문이 실려있는 책의 이름을 기재하여야 한다. 책의 제목과 함께 그 책을 확인하기 위하여 발행자 등에 관한 사항도 기재하여야 한다(위의 예에서는 '한국가족법학회'가 이에 해당)

④ 발행년도(또는 권·호수) : 논문집이나 잡지가 발행된 연도나 권수 및 호수를 표시한다. 글이 2개 이상의 잡지에 기재된 경우에 각각의 논문이 게재된 권·호수를 기재한다.

⑤ 면수 : 논문의 인용된 부분이 속한 면수를 기재한다.

[4] 논문이나 단행본의 반복적 인용

논문이나 단행본을 반복적으로 인용하는 경우에는 단행본이나 논문에 있어서 각주에 기재하여야 할 사항을 매번 반복적으로 기재하지 않고서 약어를 사용하거나 또는 저자와 함께 앞의 책(또는 논문) 또는 위의 책(또는 논문) 등의 용어를 기재하고서 면수를 기재하는 방법을 이용할 수 있다. 이 경우 '앞의 책' 또는 '앞의 논문'은 면을 달리하여 인용된 문헌을 말하며, '위의 책' 또는 '위의 논문'은 같은 면에 인용된 문헌을 말하는 것이다.

[5] 기타

논문이나 레포트를 쓰면서 각주를 간단하게 줄이고자 하는 경우가 많은데 이 경우에는 인용된 문헌을 확인하기 위한 최소한의 내용, 즉 저자·책제목 또는 논문제목·면수만을 기재할 수도 있다. 다만 이를 위해서는 참고문헌을 통하여 그 문헌에 관한 정보를 확인할 수 있도록 하여야 한다. 문헌을 반복적으로 인용하기 위해서 사용할 수 있는 또 하나의 방법은 문헌의 앞부분에 참고문헌을 제시하면서 참고문헌을 인용하기 위한 약어를 표기해 두는 것이다. 이를 통하여 본문에 인용된 문헌의 서지사항을 간단하게 할 수 있다.

[부록 1] 현행법령집의 편별 구성

제1편 헌법
제1장 헌법전
제2장 국가 · 국민
제1절 국토 · 통일
제2절 국호 · 국기 · 연호 등
제3절 국민
제4절 상훈 · 전례 · 국경일
제3장 헌법재판소

제2편 국회
제1장 국회 · 국회의원
제2장 국회사무처
제1절 조직 · 운영
제2절 인사 · 복무
제3절 문서 · 서무 · 재무
제3장 국회도서관
제4장 국회예산정책처
제5장 국회입법조사처

제3편 선거 · 정당
제1장 선거관리위원회
제2장 선거 · 국민투표
제3장 정당 · 정치자금

제4편 행정일반
제1장 행정조직일반
제1절 통칙

제2절 대통령소속기관
제3절 국무총리소속기관
제4절 통일부
제5절 행정자치부
제2장 행정작용일반
제3장 문서 · 관인
제1절 문서
제2절 관인
제3절 관보 · 법령집 등

제5편 국가공무원
제1장 통칙
제2장 임용
제3장 보수 · 실비변상
제4장 복무 · 능률 · 교육훈련
제5장 징계 · 소청
제6장 연금

제6편 법원
제1장 조직
제2장 법원행정
제1절 통칙
제2절 인사 · 복무
제3절 문서 · 서무 · 재무 등
제3장 집행관
제4장 법무사

제7편 법무
제1장 행정조직 · 통칙

제1절 법무부
제2절 검찰청
제3절 고위공직자 범죄수사처
제2장 법무행정
제1절 인사·복무
제2절 재무
제3절 검찰사무
제3장 변호사·공증인
제4장 국적·출입국
제5장 법률구조·범죄피해자구조

제8편 민사법
제1장 민법
제2장 상법
제3장 민사절차
제1절 민사소송·행정소송
제2절 가사소송·비송사건
제3절 조정·파산·회사정리
제4절 소송비용
제4장 등기
제5장 공탁
제6장 가족관계등록

제9편 형사법
제1장 형법
제2장 보안처분
제3장 형사절차
제4장 교정·보호
제1절 행형

제2절 처우 · 교화
제3절 교도작업
제4절 소년
제5장 형사보상
제6장 사면 · 복권

제10편 지방제도
제1장 행정조직 · 통칙
제2장 지방자치
제1절 통 칙
제2절 지방행정일반
제3장 지방공무원
제4장 지방재정 · 지적
제1절 지방재정
제2절 지방세
제3절 지적 등
제5장 지방공기업
제6장 지역개발

제11편 경찰
제1장 행정조직 · 통칙
제2장 경찰직무
제3장 경찰공무원
제1절 통칙
제2절 임용
제3절 복무 · 교육훈련
제4절 상훈 · 징계
제4장 경비 · 방호
제5장 보안

제6장 교통

제12편 민방위 · 소방
제1장 민방위
제2장 소방
제1절 행정조직 · 통칙
제2절 소방공무원
제3절 소방
제3장 재난관리

제13편 군사
제1장 행정조직 · 통칙
제2장 군인 · 군무원인사
제1절 군인사
제1관 통칙
제2관 임용
제3관 보수 · 수당 · 제급여
제4관 복무 · 교육훈련
제5관 연금 · 보험 · 공제회
제2절 군무원인사
제3장 상훈 · 예식
제4장 군수 · 재정
제5장 군사보안 · 군사시설
제6장 군통신
제7장 계엄 · 통합방위 · 징발
제8장 군법 · 군사법원
제9장 비상대비자원관리

제14편 병무

제1장 행정조직 · 통칙
제2장 병무
제3장 예비군

제15편 국가보훈
제1장 행정조직 · 통칙
제2장 국가보훈

제16편 교육 · 학술
제1장 행정조직 · 통칙
제2장 학교교육
제1절 통칙
제2절 학력인정
제3절 학교의설치 · 시설
제4절 사립학교
제5절 교원
제1관 교육공무원
제2관 교원의자격검 · 인정
제3관 연수
제4관 연금 · 공제회
제6절 장학
제7절 교육재정
제8절 교육진흥
제3장 학교보건
제4장 학 · 예술진흥
제5장 사회교육
제6장 국외유학 · 재외국민교육
제7장 체육 · 청소년육성
제17편 문화 · 공보

제1장 행정조직 · 통칙
제2장 문화 · 예술
제3장 문화재
제4장 언론 · 출판 · 저작권
제1절 언론 · 출판
제2절 저작권
제5장 방송
제6장 종교 · 사회단체

제18편 과학 · 기술
제1장 행정조직 · 통칙
제2장 과학기술진흥
제3장 원자력
제4장 천문 · 기상

제19편 재정 · 경제일반
제1장 행정조직 · 통칙
제1절 감사원
제2절 기획재정부
제3절 조달청
제2장 예산 · 회계
제1절 통칙
제2절 특별회계 · 기금
제3절 회계 · 경리
제4절 계약
제3장 국유재산
제4장 물품관리
제5장 채권관리
제6장 회계검사

제7장 정부투자기관관리
제8장 공인회계사
제9장 물가 · 공정거래 · 외자
제1절 물가 · 공정거래 · 소비자보호
제2절 외자도입 · 관리
제3절 민간투자
제10장 통계

제20편 내국세
제1장 행정조직 · 통칙
제2장 조세통칙
제3장 목적세
제4장 간접세
제5장 직접세

제21편 관세
제1장 행정조직 · 통칙
제2장 관세

제22편 담배 · 인삼
제1장 통칙
제2장 담배
제3장 인삼

제23편 통화 · 국채 · 금융
제1장 행정조직 · 통칙
제2장 통화 · 국채
제3장 금융통칙
제4장 금융기관 · 금융업

제5장 신탁업
제6장 보험
제7장 증권 · 자본시장
제8장 외환
제9장 금융지원등
제10장 저축장려

제24편 농업
제1장 행정조직 · 통칙
제1절 농림축산식품부
제2절 농촌진흥청
제2장 농지
제3장 양정
제4장 잠업
제5장 농정
제1절 통칙
제2절 농수산물가격안정 · 유통
제3절 농업협동조합 · 농업금융
제4절 종자 · 종묘개량
제5절 비료 · 농약 · 식물방역
제1관 비료 · 농약
제2관 식물방역
제6절 농산물 · 농업자재검사
제7절 농어업재해대책

제25편 축산
제1장 행정조직 · 통칙
제2장 축산진흥
제3장 초지 · 사료

제4장 가축위생 · 축산물검사
제5장 경마 등

제26편 산림
제1장 행정조직 · 통칙
제2장 산림
제3장 조수보호

제27편 수산
제1장 행정조직 · 통칙
제2장 수산진흥
제3장 수산업
제4장 수산자원보호
제5장 수산생물질병관리
제6장 어항 · 어선

제28편 상업 · 무역 · 공업
제1장 행정조직 · 통칙
제2장 중소기업
제3장 상업 · 상공인단체
제4장 무역
제5장 공업

제29편 공업규격 · 계량
제1장 행정조직 · 통칙
제2장 산업표준
제3장 공업품품질관리
제4장 계량
제30편 공업소유권

제1장 행정조직 · 통칙
제2장 특허 · 실용신안
제3장 의장 · 상표

제31편 에너지이용 · 광업
제1장 행정조직 · 통칙
제2장 에너지이용
제3장 광업
제1절 통칙
제2절 석탄
제3절 석유
제4절 광산보안

제32편 전기 · 가스
제1장 행정조직 · 통칙
제2장 전기
제3장 가스

제33편 국토개발 · 도시
제1장 행정조직 · 통칙
제2장 국토개발
제1절 국토계획
제2절 산업입지 및 개발
제3절 자연공원
제3장 도시
제1절 도시계획
제2절 도시계획시설
제3절 도시개발
제34편 주택 · 건축 · 도로

제1장 행정조직 · 통칙
제2장 주택
제3장 건축
제4장 도로
제1절 통칙
제2절 고속도로 · 유료도로
제3절 사도

제35편 수자원 · 토지 · 건설업
제1장 행정조직 · 통칙
제2장 수자원 · 자연재해대책
제1절 하천 · 지하수
제2절 수자원개발
제3절 공유수면
제4절 자연재해대책
제3장 토지 · 측량
제4장 건설업 · 건설기계관리
제1절 건설업
제2절 건설기계관리

제36편 보건 · 의사
제1장 행정조직 · 통칙
제2장 보건
제1절 식품위생
제2절 공중위생
제3절 예방보건
제4절 검역
제3장 의사 · 혈액관리
제37편 약사

제1장 행정조직 · 통칙
제2장 약사
제3장 마약 등
제4장 화장품

제38편 사회복지
제1장 행정조직 · 통칙
제2장 사회복지통칙
제3장 생활보호
제4장 재해구호
제5장 아동 · 노인 · 장애자 · 모자복지
제6장 사회보험
제7장 가정의례

제39편 환경
제1장 행정조직 · 통칙
제2장 환경보전
제3장 폐기물관리

제40편 노동
제1장 행정조직 · 통칙
제2장 노정
제3장 근로기준
제4장 산업안전
제5장 고용
제6장 직업훈련
제7장 노동보험 · 복지

제41편 육운 · 항공 · 관광

제1장 행정조직 · 통칙
제2장 교통안전 · 교통정비
제3장 철도
제1절 철도운송
제2절 철도관리
제3절 재무
제4장 궤도
제5장 관광
제6장 도로운송
제1절 도로운송
제2절 자동차관리
제3절 자동차손해배상보장
제7장 물류
제8장 항공

제42편 해운
제1장 행정조직 · 통칙
제2장 해상운송
제3장 선박
제4장 선원 · 어선원 · 항만인력
제5장 항만
제6장 해상보안
제7장 해난심판
제8장 해양공간 · 연안관리

제43편 정보통신
제1장 행정조직 · 통칙
제2장 우정
제3장 정보통신

제4장 전파
제5장 체신금융

제44편 외무
제1장 행정조직 · 통칙
제2장 외무공무원
제3장 영사
제4장 재외국민
제5장 해외이주
제6장 국제협력

[부록 2] 사건별 부호문자

민사1심합의사건	가합	파산합의사건	하합
민사1심단독사건	가단	파산단독사건	하단
민사소액사건	가소	파산채권 조사확정사건	하확
민사항소사건	나	면책사건	하면
민사상고사건	다	기타 파산·면책 관련 신청 사건	하기
민사항고사건	라	개인회생사건	개회
민사재항고사건	마	개인회생채권 조사확정사건	개확
민사특별항고사건	그	기타 개인회생 관련 신청사건	개기
민사준항고사건	바	국제도산 승인사건	국승
민사조정사건	머	국제도산 지원사건	국지
화해사건	자	과태료사건	과
독촉사건	차	선박, 유류등책임제한사건	책
전자독촉사건	차전		
민사공조사건	러	증인감치사건	정가
민사가압류, 가처분등 합의사건	카합	채무자감치사건	정명
민사가압류, 가처분등 단독사건	카단	증인·채무자감치항고사건	정라
		증인·채무자감치재항고사건	정마
공시최고사건	카공		
담보취소등사건	카담	형사1심합의사건	고합
재산명시등사건	카명	형사1심단독사건	고단
채무불이행자명부등재사건	카불		
재산조회사건	카조	약식정재청구1심단독사건	고정
소송구조등사건	카구	약식사건	고약
		전자약식사건	고약전
소송비용액확정결정신청사건	카확	형사항소사건	노
확정된 소송기록에 대한 열람신청 사건	카열	형사상고사건	도
임차권등기명령등사건	카임		
강제집행정지사건	카정		
판결(결정)경정사건	카경		
제소명령사건	카소		
기타민사신청사건	카기	형사항고사건	로
부동산등경매사건	타경	형사재항고사건	모

채권등집행사건	타채	비상상고사건	오
채권배당사건	타배		
부동산인도명령사건	타인		
기타집행사건	타기	형사준항고사건	보
비송합의사건	비합	형사보상청구사건	코
비송단독사건	비단	즉결심판사건	조
회생합의사건	회합	형사공조사건	토
회생단독사건	회단	체포·구속적부심사건	초적
간이회생합의사건	간회합		
간이회생단독사건	간회단		
회생채권·회생담보권 조사확정사건	회확	보석사건	초보
기타 회생 관련 신청사건	회기	재정신청사건, 재정신청 비용지급신청사건	초재
사회봉사허가청구사건, 사회봉사허가취소청구사건	초사	소년보호재항고사건 소년보호신청사건	트 푸초
기타형사신청사건	초기	소년보호집행감독사건	푸집
치료감호1심사건	감고	가정보호사건	버
치료감호항소사건	감노	가정보호항고사건	서
치료감호상고사건	감도	가정보호재항고사건	어
치료감호항고사건	감로	가정보호신청사건	저
치료감호재항고사건	감모	가정보호집행감독사건	버집
치료감호비상상고사건	감오		
치료감호공조사건	감토	피해자보호명령사건	처
치료감호신청사건	감초	피해자보호명령항고사건	커
		피해자보호명령재항고사건	터
부착명령1심사건	전고	피해자보호명령집행감독사건	처집
부착명령항소사건	전노		
부착명령상고사건	전도	아동보호사건	동버
부착명령비상상고사건	전오	아동보호항고사건	동서
부착명령신청사건	전초	아동보호재항고사건	동어
부착명령항고사건	전로	아동보호신청사건	동저
부착명령재항고사건	전모	아동보호집행감독사건	동버집
		피해아동보호명령사건	동처
보호관찰명령1심사건	보고	피해아동보호명령항고사건	동커

보호관찰명령항소사건	보노	피해아동보호명령재항고사건	동터
보호관찰명령상고사건	보도	피해아동보호명령집행감독사건	동처집
보호관찰명령비상상고사건	보오	성매매관련보호사건	성
보호관찰명령신청사건	보초	성매매관련보호항고사건	성로
보호관찰명령항고사건	보로	성매매관련보호재항고사건	성모
보호관찰명령재항고사건	보모	성매매관련보호신청사건	성초
		인신보호사건	인
치료명령1심사건	치고	인신보호항고사건	인라
치료명령항소사건	치노	인신보호재항고사건	인마
치료명령상고사건	치도	인신보호신청사건	인카
치료명령비상상고사건	치오		
치료명령신청(치료기간연장, 준수사항 추가·변경·삭제청구, 치료명령 집행면제)사건	치초	법정질서위반감치등사건	정고
		기타감치신청사건	정기
성폭력수형자치료명령1심사건	초치	법정질서위반감치등항고사건	정로
치료명령항고사건	치로	법정질서위반감치등특별항고사건	정모
치료명령재항고사건	치모		
		가사1심합의사건	드합
아동·청소년보호1심사건	동고	가사1심단독사건	드단
아동·청소년보호항소사건	동노	가사항소사건	르
아동·청소년보호상고사건	동도	가사상고사건	므
아동·청소년보호비상상고사건	동오	가사항고사건	브
아동·청소년보호신청사건	동초	가사재항고사건	스
		가사특별항고사건	으
소년보호사건	푸		
소년보호항고사건	크		
가사조정사건	너		
가사공조사건	츠	과태료체납자감치사건	정과
가사가압류, 가처분등 합의사건	즈합	과태료체납자감치항고사건	정러
가사가압류, 가처분등 단독사건	즈단	과태료체납자감치재항고사건	정머
기타가사신청사건	즈기	국세체납자감치사건	정국
가사비송합의사건	느합	국세체납자감치항고사건	정루

가사비송단독사건	느단	국세체납자감치재항고사건	정무
후견개시사건	후개	관세체납자감치사건	정관
기본 후견감독사건	후감	관세체납자감치항고사건	정르
기타후견사건	후기	관세체납자감치재항고사건	정므
개명사건	호명	지방세체납자감치사건	정지
가족관계등록(제적)비송사건	호기	지방세체납자감치항고사건	정리
협의이혼의사확인 신청사건	호협	지방세체납자감치재항고사건	정미
행정1심사건	구합		
행정1심재정단독사건	구단		
행정항소사건	누		
행정상고사건	두		
행정항고사건	루		
행정재항고사건	무		
행정특별항고사건	부		
행정준항고사건	사		
행정신청사건	아		
특허1심사건	허		
특허상고사건	후		
특허재항고사건	흐		
특허특별(준)항고사건	히		
특허신청사건	카허		
선거소송사건	수		
선거상고사건	우		
선거항고(재항고, 준항고, 특별항고)사건	수흐		
선거신청사건	주		
특수소송사건	추		
특수신청사건	쿠		
의무불이행자감치등사건	정드		
의무불이행자감치등항고사건	정브		
의무불이행자감치등재항고사건	정스		

저자약력

서울대학교 및 대학원 졸업(법학박사)
서울서부지방법원, 수원지방법원 조정위원 역임
아주대학교 법학전문대학원 교수(현)

저서

생활법률(박영사, 2018)
로스쿨 민법총칙(박영사, 2010, 공저)
로스쿨 물권법(박영사, 2011, 공저)
로스쿨 채권총론(박영사, 2012, 공저)

초보자를 위한
법정보학강의

초판발행 2025년 8월 30일

지은이 전경근
펴낸이 안종만

편 집 김선민
기획/마케팅 정연환
표지디자인 벤스토리
제 작 고철민·김원표

펴낸곳 (주) 박영사
서울특별시 금천구 가산디지털2로 53, 210호(가산동, 한라시그마밸리)
등록 1959. 3. 11. 제300-1959-1호(倫)
전 화 02)733-6771
f a x 02)736-4818
e-mail pys@pybook.co.kr
homepage www.pybook.co.kr
ISBN 979-11-303-2474-6 93360

copyright©전경근, 2025, Printed in Korea

* 잘못된 책은 바꿔드립니다. 본서의 무단복제행위를 금합니다.

정 가 17,000원